沖縄・
中城城跡公園
1992年3月7日

沖縄・首里城復元落慶
空手奉納濱武
1992年11月3日

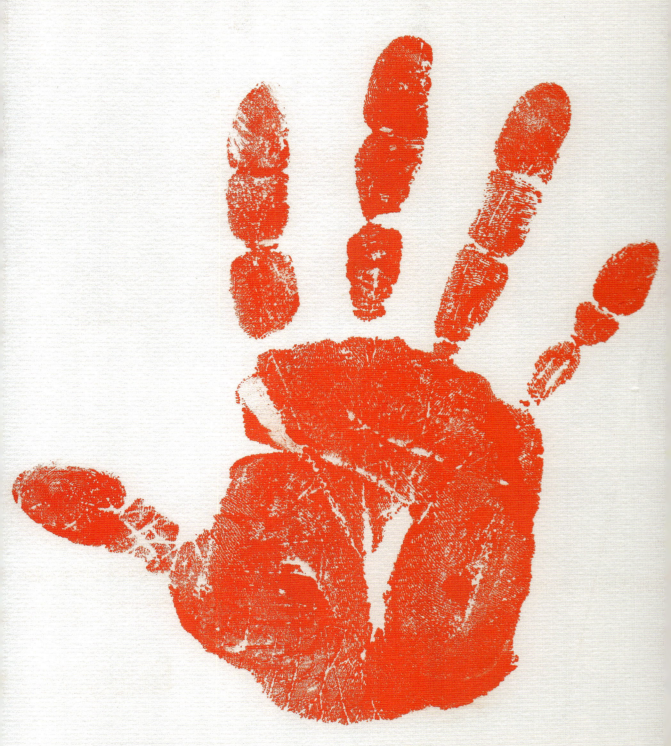

沖縄・聖道館(上原宗家宅)
上原清吉師手形(87歳)
1992年3月9日

上
第14回 日本古武道演武大会
東京・日本武道館
1991年3月17日

左
第7回「舞と武」の
合同研究発表会
沖縄・タイムスホール
1990年3月24日

上・下
第14回 日本古武道演武大会
東京・日本武道館
1991年3月17日

合戦演武で二刀両刃の短剣を使う上原先生。相手との間を瞬間に詰めて、首を攻撃する。

上・下
沖縄・中城城跡公園
1990年9月9日

合戦野外稽古。色々な武器を使用し多人数を相手を制してゆく上原先生。

上
沖縄・北谷サンセットビーチ
1991年3月3日

右
沖縄・中城城跡公園
1990年8月26日

沖縄・北谷サンセットビーチ
1990年9月15日

上
埼玉・春風館道場
1997年5月24日

右
沖縄・北谷サンセットビーチ
1991年3月3日
取手の説明をされる上原先生。

右
第18回日本古武道演武大会
東京・日本武道館
1995年2月19日

沖縄・中城城跡公園
1992年6月22日

右三枚
埼玉・春風館道場
1991年3月16日

居合取りを説明される上原先生。

第 7 回「舞と武」の合同研究発表会
沖縄・タイムスホール
1990 年 3 月 24 日

右三枚
沖縄・琉舞練場
1991年3月16日

琉球舞踊の手の所作が、そのまま武術の取手になっていることを示す上原先生。

日本傳流兵法本部拳法
本部朝基翁

日本伝流空手道春風館道場
高野玄十郎先生

本部流御殿武術手道館
池田守利（著者）

琉球王家秘伝

本部御殿手(もとぶうどぅんでぃ)
本部拳法(もとぶけんぽう)

本部流御殿武術入門

本部流御殿武術・手道館
池田守利

日貿出版社

道場訓

手は心なり 心正しからざれば
手また正しからず
手を学ぶ者は 心を学ぶべし

本部流御殿武術（本部御殿手・本部拳法）手道館
（手とは武術を意味する。ここでの武術は本部流御殿武術である）

本書出版の経緯

　本書は、本部流御殿武術（本部御殿手・本部拳法）の入門書・実用書として、初心者にも理解しやすいように、写真を主体とし技術体系に基づいて学べるように工夫したものです。

　本部流御殿武術の技術体系は大きく、体術（剛術・柔術）と武器術に分けられ、それぞれ単独で学ぶ基本技術と、対人で行う相対技術を相互に学ぶことにより、初伝から奥義までが全て同一の術理で構成されている総合武術です。

　体術は、突き蹴りを主体とした素手術（剛術）と、関節技・投げ技・固め技により相手を無抵抗にする取手術（柔術）、並びに、剣・山刀・長刀等の刀剣類をはじめ棒・杖・ほうき・鎌など身の周りの物全てを武器とする武器術から成っています。

　この武術は、本部御殿手11代目宗家・本部朝勇師より《御主加那志前の武芸（琉球国王の武術）》として上原清吉先生に伝えられ、これを琉球王家秘伝本部御殿手（本部御殿手）と命名され、今日に伝えられています。ここでいう"手"とは琉球語で"武術"を意味し、琉球王家の本部家に伝わる秘伝武術という意味になり、戦後に上原先生が公開するまでは、文字通り秘拳として長く謎の武術とされてきました。その後、昭和59年（1984）に私から上原先生にお願いして日本古武道協会への加盟をご承知頂き、本部御殿手と上原先生のお名前は広く本土を含む一般の方へも届くようになりました。

　生前、上原先生が情熱の全てを傾けて伝えた本部御殿手は、今なお多くの人々に学ばれ、その精神と術理は日々、研鑽精進を重ねて伝承されています。

　著者らも先生の弟子として、稽古を継続しながら技術の向上と、より多くの人にこの武術を知って頂けるように道場を開設し、様々な年代の門下生と共に修練しています。そうした指導の際に、門下生から時折自主稽古用に手引書の要望があり、ある程度統一された技法と精神の伝承をしていくためにも、その必要性を以前から感じていました。

　そこで、上原先生ご生前中にお願いし、平成4年（1992）に発刊されたのが『武の舞』（上原清吉著　BABジャパン刊）でした。このとき先生は技術的な手引書のような内容については望んではいませんでしたが、「必要であればあなたがやりなさい」と言われご了承を得ていました。こうした経緯もあり、以来試行錯誤を繰り返すなか上梓したのが本書です。

　上原先生から受けた教えを次の世代に受け渡していくことは、ひとえに先生に対する尊敬の念からであり、この武術を初めて試みる人や、すでに稽古している人たちにも、本書が少しでもお役に立てば幸いです。

　また、本書には本部朝勇師の実弟である、本部朝基翁が開いた日本傳流兵法本部拳法も一部紹介しています。これは朝基翁より直伝を受けた、日本伝流空手道春風館道場・高野玄十郎先生より私が学んだものであり、本部御殿手の修業を続けるなか、剛術や取手に通じる部分が多々あり、学びを深めるのに大いに役に立ったことに由来しています。

　最後に、生涯に渡る武術の道に導いて頂いた先師、琉球王家秘伝本部御殿手12代宗家・上原清吉先生と日本傳流兵法本部拳法・開祖本部朝基師直伝の日本伝流空手道春風館道場・高野玄十郎先生に謹んで本書を捧げる次第です。また多年に渡る研鑽の日々でともに汗を流し学んだ道友と関係諸氏、門下生に感謝致します。

平成27年晩冬　著者

目次

口絵………………………… 1

道場訓………………………… 18
本書出版の経緯……………… 19
本部御殿手について………… 22
琉球王統（第二尚氏）と本部御殿の系譜　23
本部御殿手と本部拳法の系譜… 23
本部御殿手・手道館の流れ… 23
本部流御殿武術の習得方法と本書の目的　24
本部流御殿武術の技術体系…… 26

第一章　基本……27

第一章のポイント…………… 28
手之元の要訣………………… 29
手之元………………………… 30
合掌…………………………… 38
つま先立ち…………………… 40
屈伸…………………………… 41
崩し…………………………… 42
突き（正拳）………………… 44
夫婦手の構え………………… 46
連突き………………………… 48
蹴り（棒蹴り）……………… 50
四方突き……………………… 54
四方蹴り一…………………… 56
四方蹴り二…………………… 58

第二章　歩法と捌き……61

第二章のポイント…………… 62
三つの捌き…………………… 64
捌き一　直線………………… 65
捌き二　斜め………………… 66
捌き三　交差………………… 67
つま先立ちの歩み…………… 68
踵からの歩み………………… 70
踏み込み運足………………… 72
運足の突き…………………… 72
連突き………………………… 74
二一連突き…………………… 74
歩み突き……………………… 76
歩み蹴り……………………… 76
歩み回し蹴り………………… 77
外回し前蹴り………………… 79
内回し横蹴り………………… 79
連突き蹴り…………………… 80

第三章　型・素手相対……83

第三章のポイント…………… 84
元手一と二の違い…………… 85
本部御殿手の貫手…………… 86
貫手の打ち方………………… 87
攻防一体の夫婦手…………… 88
諸手の突き…………………… 89
夫婦手の捌き………………… 90
元手が含む取手……………… 92
元手二………………………… 94
合戦手三……………………… 102
合戦手四……………………… 110
合戦手五……………………… 116
実戦手突き…………………… 124
実戦手蹴り…………………… 130
素手相対稽古の要訣………… 136
素手相対稽古基本一………… 138

素手相対稽古基本二・三……… 140
　見切りの稽古……………… 142
　素手相対稽古例…………… 142
　蹴りの相対稽古…………… 144
　止まった位置から蹴る、離れた位置から蹴る、捌いて蹴る、刺し蹴る、突き蹴る、ヒザ蹴り、二段蹴り
　琉球王家秘伝本部御殿手極意武術五ヶ条　150

第四章　取手……151

　第四章のポイント………… 152
　こねり手…………………… 156
　（手首を極める手）
　拝み手……………………… 158
　押し手……………………… 160
　取手相対稽古基本………… 162
　取手相対一・二…………… 164
　取手相対三………………… 165
　取手相対四………………… 166
　取手相対五………………… 167
　取手相対稽古例…………… 168
　補縄 絡み手……………… 179
　遺歌　本部朝勇翁極意相伝訓……… 180

第五章　武器術と多敵……181

　第五章のポイント………… 182
　居合………………………… 184
　居合取り…………………… 188
　立ち居合…………………… 190
　唐竹割り…………………… 194
　長刀………………………… 196
　槍…………………………… 199
　棒…………………………… 200
　ウェーク（櫂）…………… 202
　両刃の剣…………………… 206
　青竜刀……………………… 206
　二丁鎌……………………… 208

　トウファー………………… 208
　ヌーチク…………………… 210
　釵…………………………… 210
　武器相対稽古……………… 212
　多敵の稽古の心得………… 214
　多敵稽古基本一…………… 216
　多敵稽古基本二…………… 218
　多敵稽古応用……………… 220
　多敵武器稽古一…………… 222
　多敵武器稽古二…………… 224
　多敵武器稽古三…………… 226
　本部御殿手の武器………… 228

第六章　舞の手……229

　第六章のポイント………… 230
　浜千鳥 一節目…………… 232
　浜千鳥 二節目…………… 242
　浜千鳥 四節目…………… 250
　教訓歌（本部朝勇翁作）……… 256

第七章　本部拳法……257

　第七章のポイント………… 258
　ナイハンチ初段…………… 260
　白熊（シロクマ）………… 266
　ノーモーションの動きを養うナイハンチ　271
　私的、空手道春風館小史……… 272

資料編
映像と資料で見る上原清吉先生……275
　動画から見る上原先生による"武の舞"　276
　動画から見る上原先生による多敵稽古　280
　「浜千鳥」の手法と「武の手」の共通点　284

　おわりに…………………… 287

本部御殿手について

本部御殿手は、現在の沖縄、琉球王国の王家第二尚氏王統第十代尚質王の第六王子・尚弘信本部王子・朝平を始祖とし代々本部御殿（王族）に伝わってきた。御殿手の"手"とは「技」「武術」を表し、御殿手とは"王家の武術"という意味になる。本部家は38家存在した御殿の一つで、本部御殿手はこの本部家に伝わる秘拳として代々長男にのみ一子相伝で伝承され、その修業は満6歳を迎えるとともに始められ、たとえ一族の人間でもその教授は秘密裏に行われていたという。

しかし、本部朝勇師が当主を務めた明治12年（1879）に新政府により行われた廃藩置県によって琉球王国が消滅し、その武技の伝承が困難となってしまった。流儀が絶えることを惜しんだ朝勇師は大正5年（1916）に門外不出であったその武術を当時12歳であった上原清吉先生に伝授を開始、指導は上原先生が大正15年にフィリピンに移住するまで行われた。この間、上原先生は師・朝勇師の命で大正13年には当時和歌山県に暮らしていた朝勇師のご子息・朝茂氏の元を訪ね、約半年間武技の伝授を行っている。残念ながら朝茂氏はその後の大阪空襲で亡くなられ、また本部朝勇師も上原先生がフィリピンに旅立った半年後の昭和2年（1927）に亡くなられ、本部御殿手の伝承者は上原先生一人となってしまった。

戦後、昭和22年（1947）に上原先生は沖縄に帰還できたが、師の行方は分からず（後に病死されたことを知る）、また戦時中にフィリピンで軍属として死線をくぐり抜けた苛酷な実戦経験もあり、武術から離れて暮らしていたという。しかし、時間と共に自分が学び覚えたこの貴重な流儀が消えてしまうことは師も望まないと考え、徐々に少数の人々に指導を開始、昭和45年（1970）に"本部御殿手"※という名称で一般公開する。以後、昭和57年（1982）に全沖縄空手古武道連合会の会長に就任、昭和59年（1984）には日本古武道協会への加盟も果たし、本土でも本部御殿手を公開、同年勲六等単光旭日章を受章し、昭和60年（1985）には日本古武道協会より古武道功労者表彰を受賞している。その後も、熱心に指導に当たり、平成16年（2004）4月3日、満100歳でご逝去された。

本部拳法について

本部拳法は、本部御殿九世本部朝真の三男であった本部朝基が、首里の松村宗棍、佐久間親雲上、糸洲安恒、泊の松茂良興作といった著名な空手家に師事するとともに、「掛け試し」と呼ばれる腕試しや数々の実戦のなかで築き上げた独特な武術といえる。朝基は自身の学んだ武術を日本傳流兵法本部拳法として本土に伝えた。その後、朝基の高弟の一人である高野玄十郎が日本伝流空手道として春風館道場を創設し、その道統は今日に続いている。その技術概要は、巻藁などにより鍛えた剛拳を基とし、型は首里手のナイハンチを基本とし、夫婦手による諸手連動の攻防一体による体捌きと同時に繰り出す攻撃技を主体としている。

※朝勇翁は"御主加那志前（ウシュガナシーメー）（琉球王国の意）の武芸"と自らの武術を呼んでいた。

琉球王統（第二尚氏）と本部御殿の系譜

第二尚氏王統　尚円→尚宜威→尚真→尚清→尚元→尚永→尚寧→尚豊→尚賢→尚質→
　　　　　　　尚貞→尚益→尚敬→尚穆→尚温→尚成→尚瀬→尚育→尚泰

尚質→①尚弘信・本部王子朝平→②本部朝完→③本部朝智→④本部朝隆→⑤本部朝恒→
　　　⑥本部朝救→⑦本部朝英→⑧伊野波朝徳→⑨本部朝章→⑩本部朝真→⑪本部朝勇

本部朝真（長男）┬本部朝勇（長男）→本部朝明（長男）、本部朝茂（次男）
　　　　　　　　└本部朝基（三男）→本部朝正（次男）→本部朝行（長男）、本部直樹（次男）

本部御殿手と本部拳法の系譜

本部御殿手　⑪本部朝勇→⑫上原清吉┬⑬本部朝茂→⑭本部朝正
　　　　　　　　　　　　　　　　└上原健志
本部拳法　　①本部朝基┬②本部朝正
　　　　　　　　　　　└高野玄十郎→高野清

本部流御殿武術・手道館の流れ

本部流御殿武術・手道館では、上原清吉先生より学んだ本部御殿手と、高野玄十郎先生より学んだ本部拳法を指導、研鑽している。

本部御殿手　本部朝勇→上原清吉　　┐
　　　　　　　　　　　　　　　　　├→池田守利（筆者）
本部拳法　　本部朝基→高野玄十郎　┘

御主加那志前武芸
拳聖・本部朝勇
（1857〜1928年）

琉球王家秘伝
本部御殿手
上原清吉
（1904〜2004年）

日本傳流兵法本部拳法
拳豪・本部朝基
（1870〜1944年）

日本伝流空手道
高野玄十郎
（1910〜1976年）

本部流御殿武術
（本部御殿手・本部拳法）
池田守利
（1943年〜）

本部流御殿武術の習得方法と本書の目的

　本来、本部流御殿武術は、本部御殿手の基本である元手一・二で体を鍛え、突き蹴りと歩法を学び、一通りこれが行えるようになったところで型（合戦手三・四・五）と武器術、取手へと進み、やがて奥義を学ぶ階梯となっている。

　しかし、現在では限られた時間の中で武術を学ぶ者が多く、先師たちが行ってきた稽古と同じことを行うことは、社会背景や時代も異なり難しいのが実情だ。

　そこで本書では、本来の稽古の持つエッセンスを残しながら、一般の読者を含む初学者がより広く、早く本部流御殿武術の全体像を学ぶことができる方法になるように、従来は全ての武器術を一通りマスターした後に学ぶ取手を、柔法として他の技術に平行して学ぶ形を取っている。

　取手について詳しくは後述するが、突き蹴りを使わず武器を持った相手を素手により制圧する技術であり、相当に高度なもので、武器術を深く習得し、彼我（ひが）の実力にそれなりの余裕があることが前提となっている。そうしたことから取手を学ぶ為には、武器術をしっかり学び、武器の使い方と同時に、武器の威力や体捌きなどを習熟することが必要となる。しかし、それでは前述したように、なかなかそこへ到ることが難しく、やがて技術の伝承自体が難しくなることを考え、ここでは敢えてその他の技術とともに紹介している。そのことをご承知の上でお読み頂ければと思う。それ以外の型などについては、全て上原先生より学んだことを可能な限りそのままに紹介している。

　本部流御殿武術の戦闘哲学は、「相手を一撃で倒し、歩みを止めない」を第一義としている。これは、上原先生の師である本部朝勇師が、「この技は、御主加那志前の技であり、喧嘩の手（武術）ではなく戦（いくさ）の手である」と語られていたように、この武術は喧嘩や一対一の個人の戦いを前提にしたものではなく、国と国とが争う戦を前提に、常に多敵を想定した技術体系となっている。敵味方が入り乱れる戦場で、最も危険なことは動きを止めることであり、仮に眼前の敵を倒しても、それに気を取られ脚を止めたところを後ろから斬られれば終わってしまう。これは上原先生ご自身のフィリピンで体験された、様々な武器術の使い手との対戦や、戦争体験から学んだことでもあるという。

　その為、最も重要なことは敵に囲まれないように脚を止めることなく、常に相手の機先を制し、すれ違いざまに一撃で仕留め、そのまま歩み続けることであり、その為に独自の歩法と体捌きが工夫されている。そうした戦場を想定した武術であることから、当然武器術は必須であり、技術的にも素手の技術がそのまま武器に通じるようになっている。従って一番最初に学んだことがそのまま奥義へと通じるように構成されており、上原先生はこうした稽古の構造を、「素手の術から始めて武器の術へと進み、再び素手の術へ戻る」と語られている。修行者は稽古に当たってこうした構造をよく理解し、今行っている稽古がどこへ繋がっているのかを常に意識して行うことが、迷わず学ぶために重要だろう。

　こうした修業を繰り返す先に、武の頂点である「武の舞」に到る。

武の舞とは御殿手の奥義とされているもので、舞と聞くと、武術の型を舞い踊ると思われるかもしれないが、それとは異なる。上原先生が師・本部朝勇翁より極意相伝として遺された道歌に、「按司方(あじかた)の舞方(めかた)ただ思うてみるな　技に技すゆる奥手(うくでぃ)やりば」というものがある。これは、「按司方（朝勇師）の舞う姿を、単なる舞い踊りと思ってはいけない。そこには技の上に技が重なった、尽きることのない武の奥義が秘められている」という意味であり、淀みなく流れるように舞い踊るなかに両手、片手、長短を問わずあらゆる武器を使いこなし、間合いを自在にコントロールし死命を制する武の極みがそこに秘められているのだ。

　これを体現する為には、武を表に顕した強い動きではなく、「按司方の舞」や「浜千鳥」などの舞を舞うことで、荒々しい身のこなしを、優美な柔らかい動きにする必要がある。舞っている姿は一見優美で武を思わせる力強さは感じられないが、その実、角がない為何事が起きても拘泥することなく動き、裡に秘めた威力は凄まじいものがある。本部御殿手には秘伝として二刀を使う最高の極意技・渦巻・竜巻の剣と呼ばれるものがあるが、この技を使う朝勇翁の姿を上原先生は「あたかも天女の舞姿のように見えた」と語られている。また上原先生の武の舞もまた非常におだやかで、その時の気分で融通無碍に変化し、いつ始まりいつ終わるのかを感じさせないものであった。私自身、修行が進むとともに上原先生の舞に秘める意味と威力が感じられるようになり、底知れぬ武の極みに何度も身が引き締まる思いがした。

　そうしたことから本部御殿手の武の舞は「武の奥義を秘めた舞」と「舞姿のように見えるほど極められた武」という二つの意味が含まれている。

　本書では上原先生より教えられた沖縄舞踊の「浜千鳥」を収録するとともに、その動きの武術的要素に見せることを試みた。

　本書では、上原先生が「『武の舞』に載せたかったな」と仰った技術体系（26頁に掲載）に基づき、基本や型などの原理原則については、私が学んだ限りにおいて、できるだけ上原先生の教えを忠実に伝えることを目指した。ただ先生ご自身は稽古において、あまりお言葉で説明することがなく、その卓越した技をお見せになると共に、私たちに実際に掛けることで教えて頂く部分が多かった為、相対稽古などについては私自身が多年に渡って学んだ本部朝基翁創始による日本傳流兵法本部拳法の要素や、共に学んだ道友である安間忠明師範との工夫が入っている。先生ご自身は、「本部御殿手に他の武術は交ぜてはならない」と仰っていたが、本部御殿手と本部拳法の共通点については、生前に先生ご自身からも実演とご説明を頂いており、また、「型は自分で作れば良いよ」というお言葉を伺っていることから、本書では私が主宰する手道館でも行っている稽古方法をご紹介させて頂いた。そうしたことから、本書の副題も「本部御殿手・本部拳法」としている。非才の身で理解の浅いところもあることをお詫びしつつ、私自身が稽古の中で仲間と共に悩み、苦しみながら、上原先生に少しでも近づこうとするうちに自得したことが、僅かでもこの本を読む修行者のお役に立てば幸いである。

本部流御殿武術の技術体系
(本部御殿手・本部拳法)

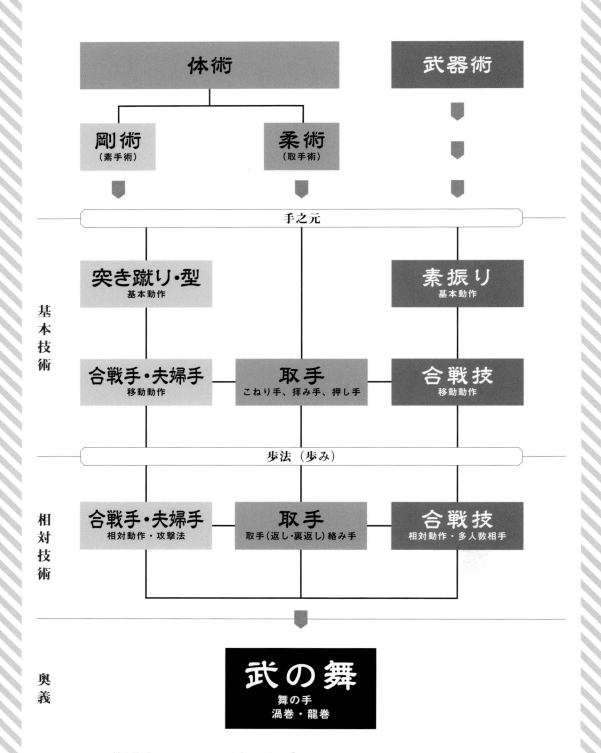

この技術体系図を見られた上原宗家は、自著『武の舞』に載せたかったと仰って頂きました。

第一章

基本

手之元、合掌、つま先立ち
屈伸、崩し、突き（正拳）
夫婦手の構え、連突き
蹴り（棒蹴り）、四方突き
四方蹴り一、四方蹴り二

第一章のポイント

準備運動の意味を持つ"手之元"

　第一章では、基本の型である手之元から、合掌、つま先立ち、屈伸などの準備運動的な動きから、突き、蹴りまでを紹介する。
　手之元は上原先生が戦前に本部朝勇師に学んだものを思い起こしつつ、我々に伝えたものが元となっている。
　大きな意味合いとしては準備運動・ストレッチ的な要素が強く、指先までしっかり意識し、力を込めてゆっくり行う。また、取手に必要な腕を鍛える要素が多く含まれており、闇雲に力を入れて機械的に行うだけではなく、体のなかに備わった弾力や筋の張りなどを感じて行うことで、後に学ぶ取手の養成となる。

　合掌やつま先立ち、屈伸などは準備運動の要素が強いが、いずれも、相手の攻撃をその場で受けることなく、半身で捌き入り、一歩前で技を掛ける為の基本であり、本部流御殿武術の最も重要な基本である、"居着かない"身法を養う為のものである。地味な稽古だからこそ、その意味を考えて行うことで体を養うと共に、基本の体捌きを学ぶことができる。また、本章で紹介する手之元や第三章で紹介する元手などで、まず最初にしっかり立つことを身に修めることが、最終的に"居着かない"身法へと繋がる。それを抜きにしていくら動けても、生きた威力は生まれない。

　突きや蹴りは素手の攻撃の手段であるが、単に攻撃力を求めるのではなく、姿勢を崩さず、常に半身から半身への転換と、視野を広く取れるようにする。

手之元の要訣

　手之元で特に大事になるのが、最後に「伸ばしきること」だ。下の写真は、元手二にも登場する、体の中央に突き出した手を、肩の外側まで横へ動かす部分だが、この鳩尾の前に伸ばしきった手を、さらに外側に伸ばす、最後の数センチの動きが取手を極める要訣になる。腕だけで行うのではなく、指先から肩甲骨までを一本の腕として、肩甲骨を体の中心に引き寄せることで腕を動かす。丁度、体操の吊り輪のように、腕力ではなく、腕から体までを繋げて行うことで、相手が抵抗できない強烈な極めとなる。

体術　基本

手之元
Tenomoto

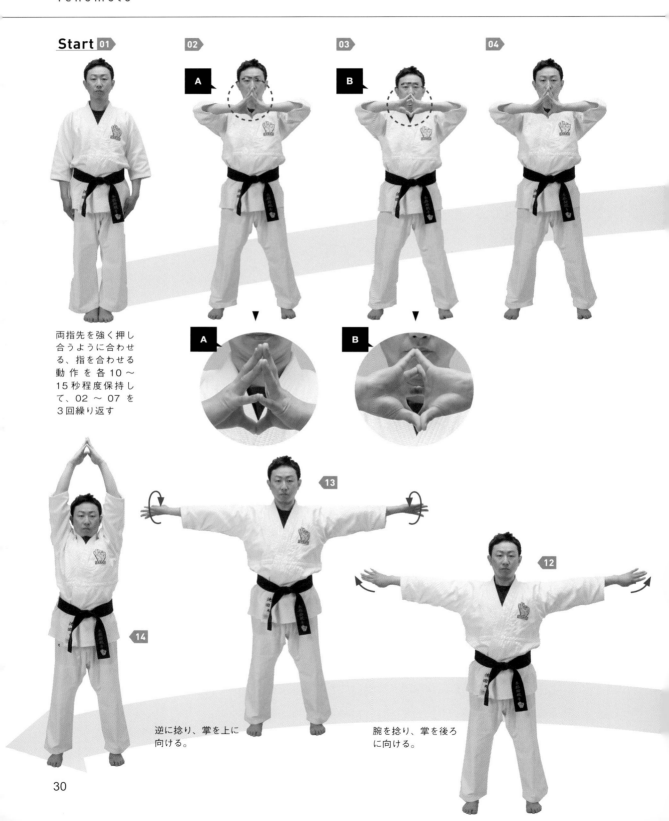

両指先を強く押し合うように合わせる、指を合わせる動作を各10〜15秒程度保持して、02〜07を3回繰り返す

逆に捻り、掌を上に向ける。

腕を捻り、掌を後ろに向ける。

手之元は、本部御殿手の基本的な技の使い方を身に付けるための基礎鍛錬となるものである。稽古の始めと終わりに、準備運動と整理運動として行うことが望ましい。

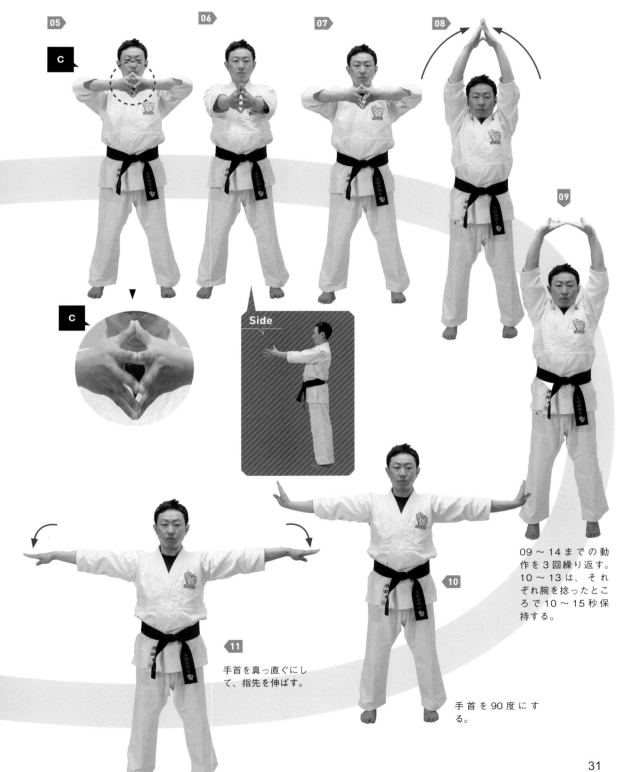

09〜14までの動作を3回繰り返す。10〜13は、それぞれ腕を捻ったところで10〜15秒保持する。

手首を真っ直ぐにして、指先を伸ばす。

手首を90度にする。

体術　基本

26〜次頁43までを右脚前、左脚前、右脚前の順番で3回行う。

手首を柔らかく、大きく、羽ばたくように腕を上下させる。

手首を90度にして、16〜20までを3回繰り返す。

腰の位置へ。

脇腹に沿って手を内側へ捻りつつ伸ばし、

体の中心で伸ばしきる。

体の中心に出した手を外側へ開く。この開きが取手で技を決めるポイントになる。

後ろで手を組んで腕を上下に3回動かす。各10〜15秒程度保持する。

肘の位置をそのままに、左腕を体に沿わせて引き、

そのまま右脚を開きつつ腕を開く。指先は肩幅より拳ひとつ広く開き、肘を内側へ絞る。これが基本姿勢となる。

右脚を左脚半歩前に寄せつつ、両手を胸の前で交差、

体術　基本

ここでは省略しているが、41で左脚前に変化し、前頁26〜から43までと同じ動きを行い、再び右脚前に変化して同じように行う。

肘の位置を変えずに左手を回転させて、

再び基本姿勢へ。以下同じ。

横から見たところ。左右の手の高さに注意する。

右脚を進めながら前に突き出す。

手のひらを正面に向け、

腹の前まで下ろし、

基本姿勢に。

44 両手を体の中心で交差し、

43 右脚前に。

左脚前から、右脚を寄せて、

42 左脚前に変わり、26-45を繰り返す。

体術　基本

手を中心に引き寄せつつ、

後ろ脚を後退させ、

両手を前に突き出す。

横から見たところ。

手のひらを内側へ返して終了。

両掌を外側に、指先を下にして伸ばす。

脇下へ引き上げ、

開手で腰へ持っていきつつ閉脚立ちへ。

再び右脚を前に出しつつ、

両手を前に突き出す。

右脚を引き平行立ちになりつつ、手のひらを上にした両貫手を脇下へ引く。

指先を合わせ、前方へ伸ばす。

掌を返し、

合わせたまま指先を高く差し上げ、

指先を上に向け、

腕を引き胸の前で指先を正面に向けて合わせる。

体術　基本

合掌
Gatssyo

平行立ちから、

両手を胸の前であわせて、

素早く頭上に差し上げ、

左半身になりつつ両手を広げる。

腕を両脇に下ろして終了。

平行立ちに戻りながら手を胸の前に戻し、

両手を頭上に差し上げ、

合掌は半身になる動きを体に馴染ませるために、手之元などを参考に新たに作られた動作である。つま先立ちでも姿勢を崩さず、体の中心から腕を伸ばして行う。常に相手の攻撃に対して、半身でかわしつつ踏み込み、相手の正中線を押さえる動きを養う。

横から見たところ
〈背中側〉

横から見たところ
〈正面側〉

05 両手を頭上に差し上げ、

06 両手を胸の前に戻す。

07 再び手を頭上に差し上げ、

08 右半身になりつつ両手を広げる。

体術　基本
つま先立ち
Tsumasakitachi

足首の力で踵を大きく上げ下げする。つま先立ちの歩法の鍛錬になると同時に、刀の極めなど、体重を乗せる要となる。

01 平行立ちから、

02 背筋を伸ばしつま先立ちになる。5～6回繰り返す。

01' 刀を振り下ろす際にもつま先立ちになりながら振り下ろす。

02'

体術　基本

屈伸
Kusshin

姿勢を崩さず屈伸運動を行う。脚腰の鍛錬と同時に、どんな場面でも視野を広くとる姿勢を養う。

✕ 悪い例 ✕
前に傾いたり、後ろに反ったりしないように注意する。

01　平行立ちで背筋を伸ばした姿勢から、

02　垂直に腰を下ろす。

体術　基本

崩し
Kuzushi

ヒザを高く胸につける気持ちで上げる。このとき爪先立ちになる。ヒザを上げたときに前後に軸がぶれず、頭からつま先までが一直線になることが大事。

01
平行立ちから、

02
つま先立ちで、ヒザが胸に着くように上げる。このとき頭からつま先までが一直線になる。

用例 1

相手のヒザを上から踏みつぶして崩す。このとき、自分は一直線のまま、歩くように行う。

いわゆる腿上げ動作と呼ばれる動きだが、軸脚でしっかり立ち、そのまま歩きながらのヒザ蹴り、踏みつぶしなどの崩し技になる。その為には軸脚の安定度が求められる。脚は元の位置に戻さず、自然に前に置きそのまま歩法となる。理想としては崩した相手を抱えられるくらいの安定感を養う。その為に稽古ではできるだけ高くヒザを上げる。

03 踏みつぶすように下ろす。

04 右脚も同様に行う。

05

用例 2

横からヒザ裏を踏みつぶした例。引っ掛けたり払うのではなく、ヒザの可動方向へ踏む。

Back

体術 剛術

突き（正拳）
Tsuki (Seiken)

01 平行立ちで、左右の拳頭を肩の高さに構えた姿勢から、

02 右突き。

本部流御殿武術の突きの特徴は、突きを打った時に体が相手の正面に向かず、半身から半身へと変化しながら打つことにある。これにより腕の長さ以上のリーチを得ることができる。この時、前傾しないように注意する。上原先生が突きの要領を、「腹を出す」と説明された通り、腹を出して打つことで、しっかり腕を伸ばして突きつつも、前傾せずに打つことができる。

03 左突き。引き手は脇下ではなく拳頭を、打った側のヒジに添わせる。

Front

正拳の握り方

拳は自然に握り、相手を打つ一瞬に強く握り込む他は軽く緩めておく。打った次の瞬間取手に変化できる余裕を持たせる。拳頭で相手を打つ。

✕ 悪い例 ✕

重心を後ろに残し過ぎ。

前傾し過ぎ。

体の軸がぶれている。

体術　剛術

夫婦手の構え
Meotote no Kamae

01 夫婦手の構え。左右の拳頭を体の中心に置き、後ろ手は前手のヒジに添える。前脚は後ろ脚より指の付け根ほど前に出す。

02 突きは真っ直ぐ、体の中心に向けて。肩、腰の捻りで打ち出し、腹を出し拳に体重が乗るように突く。

夫婦手は本部流御殿武術の基本の構えとなる。左右の手がお互いを補い、常に連動して働くことから"夫婦手"と呼ばれている。半身に構え、前手の肘に後ろ手の拳頭を添え、左右どちらを突いても、突いた手の反対側の手で体の中心を守る。

夫婦手の構えでの左右変化。両手の拳頭を体の中心に揃える。拳を相手に向けるのではなく、骨盤を相手に向ける心持ちで構える。

体術　剛術

連突き
Rentsuki

二本突き

夫婦手の構えから連続で二本突きを出す。「イチ、ニ」という意識ではなく、「イチ」の一呼吸で二本打ち出す。

夫婦手の構え。　　　左前手で突き込み、

三本突き

二本突きと同じく「イチ」の一呼吸で三本連続で突く。いずれも突きは真っ直ぐ、体の軸をぶらさず打ち出す。

夫婦手の構え。　　　左前手で突き込み、

突き出す手は、腕を真っ直ぐ突き出すと同時に肩、腰のひねり、腹を出すような半身の姿勢で正拳に体重が乗るように突く。控えの手は、突いた方の肘の位置（夫婦手となる）。

左突きを戻す途中で右突きを突き込む。

左突きを引きつつ、右を突き込む。

右突きを引きつつ、さらに左突きを突く。

体術　剛術

蹴り（棒蹴り）
Keri (Boukeri)

01 夫婦手の構えから、

02 ヒザを上げる。この時、つま先も上げる。

二本蹴り

一度蹴り込んだ、つま先立ちの体勢のまま、蹴りを戻し、さらにもう一度蹴り込む。蹴りと共に軸の養成にもなる。

蹴り出す脚は腰をひねり棒のように真っ直ぐ伸ばして半身の状態で蹴る。軸脚の踵を上げ親指の付け根を軸にヒザを曲げずに、体重が脚先にかかるように蹴る。

腰の捻りと共に脚を棒のように真っ直ぐにして蹴り込む。

体の中心をしっかり夫婦手で守り、真っ直ぐ蹴り出していることが分かる。

体術　剛術

蹴り上げ（内外まわし）

蹴り上げる時は、上体を真っ直ぐにして、目標を上足底で蹴り、脚を下ろす時は踵で蹴り落す。左右の脚で、内回し、外回しの両方を行う。この時、両手を前に出すことでバランスを取りつつ、顔面を守る。

左脚前の構えから、　　　内まわし蹴り、

横蹴り（足刀）

横蹴りは体の中心に脚を引きつけて、踵を押し出すようにして足刀（足の外側の部分）で蹴る。

平行立ちから、　　　右脚を引きつけ、　　　足刀で蹴り込む。

脚を下ろす時は、踵から蹴り落とす。

最初の構えに戻る。

外回し蹴りで同じことをしたら、右脚で同じことを行う。

突き蹴り（三本突き）

蹴りに突きを合わせたもの。顔面、鳩尾または相手の手を両手の突きで、金的を蹴りで打つ。

夫婦手の構えから、

左右の突き、前蹴りの三本で打つ。打った時は半身になる。

体術　剛術

四方突き
Shihoutsuki

Start 01　夫婦手の構えから、

02　左脚で一歩踏み込みつつ、

11　右脚を寄せつつ、左突き。

12　右180度転換しつつ、右脚を一歩進め、

13　左脚を寄せつつ、右突き。このまま今度は04〜13までを反対の手で行う。

14 finish　平行立ちに戻り終了。

前後左右全ての方向に連続して突きを出す。最初はゆっくりで構わないので、同一のテンポで行い、姿勢を崩さないように注意しつつ徐々に早く行う。慣れてきたら左右の突きの順序を逆にしたり、諸手突きや貫手で行っても良い。

03 右脚を引き寄せ、左突き。

04 右180度転換しつつ、右脚を進め、

05 左脚を引き寄せつつ、右突き。

06 左90度転換しつつ、左脚を一歩進め、

07

08 右180度転換しつつ、右脚を一歩進め、

09 左脚を寄せつつ、右突き。

10 左90度転換しつつ、左脚を一歩進め、

右脚を寄せつつ、左突き。

体術 剛術

四方蹴り (一)
Shihokeri ❶

Start 01 夫婦手の構えから、

02 左蹴り。手の構えを崩さないように注意。

03 脚を下ろしつつ左180度転換し、

12 finish 右蹴り。このまま02〜12を反対側の脚で行い終了。

11 脚を下ろしつつ、右180度転換し、

10 左蹴り。

その場で前後左右に蹴りを出す。最初はゆっくり同一のテンポで行い、姿勢に注意しつつ徐々にテンポを速くする。慣れてきたら左右の蹴りの順序を入れ替えて行う。

04 右蹴り。

05 脚を下ろしつつ、左90度転換し、

06 左蹴り。

07 脚を下ろしつつ、右180度転換し、

08 右蹴り。

09 脚を下ろしつつ、左90度転換し、

四方蹴り 二

Shihokeri ❷

夫婦手の構えから、

左蹴り。

脚を下ろしつつ、

右横蹴り。

脚を下ろして、今度は02〜08までを反対の脚で行う。

平行立ちで終了。

基本的には四方蹴り一と同じ。横蹴りなど大きな蹴りの際にバランスに注意する。

04 右後ろ蹴り。

05 脚を下ろしつつ、

06 左横蹴り。

07 脚を下ろしつつ、

第二章

歩法と捌(さば)き

三つの捌き（直線、斜め、交差）
つま先立ちの歩み、踵からの歩み
踏み込み運足、運足の突き、連突き
二一連突き、歩み突き、歩み蹴り、歩み回し蹴り
外回し前蹴り、内回し横蹴り、連突き蹴り

第二章のポイント

歩みの基本はつま先と踵

　本部流御殿武術の特徴は胸を張り、ヒザを曲げずに歩くことにある。この姿勢をタッチュウグヮー※といい、腰を落とさず、ヒザを真っ直ぐにして動くことを基本としている。これにより動き始めの溜めや、踏み脚の居着きを防ぎ、予動作なしで動くことができる。歩く際にはつま先立ちと踵着地の二種類がある。つま先立ちは洋舞（ダンス）と同じく素早い動きに適しており、踵は琉球舞踊のようにゆっくりした動きに適している。
　また、この二つの着地では歩幅が変わるため、一見すると同じ歩調にも関わらず速度が変わり、相手にこちらの速度の変化を感じさせず間合いを詰めることで機先を制することができる。
　つま先立ちの際は脚の親指の付け根（母趾球）に重心をかけ、どちらも着地点から頭までが一本の棒になった感覚で、腹から押し出すように全身を一致させて歩く。この二つの着地方法を使いこなすことで緩急自在な歩法が可能となる。

　脚の運び方で重要なのは、折り返しなどの方向転換の際に、親指の付け根を中心にして、足先をこれから向かう方向にして着地することだ。これにより着地した状態ですでに方向転換が完了しているため、脚を踏み換えることなく方向転換して歩き続けることができる。

　姿勢も重要だ。体を前後に傾けることなく、常に真っ直ぐな姿勢を保つ。これにより視野が広くとれ、敵の数や位置、戦場全体でなにが起きているのかを把握する。

基本の立ち方
(タッチュウグヮー)

つま先立ちの歩み　　踵からの歩み

　この歩法こそが稽古はもちろん、本部流御殿武術の要であるのだが、一般的な歩法とは異なるため、身につけるには不断の努力が必要となる。上原先生ご自身はヒザを曲げずに歩く癖をつける為に、脚の裏側に薪をくくりつけ、ヒザを曲げない状態にして稽古をされたと伺っている。そこまでの稽古は今日では難しいだろうが、ある程度平らな床で慣れたら砂浜や不整地で行うと良いだろう。
　また、この運足は、高野玄十郎師範が指導をされていた本部拳法春風館道場でも移動の基本の際に行われていた。

※琉球語で、タッチュウは"とんがり"を意味する。グヮーは"小"という漢字が当てられるが、ここでは語調を整えるためで意味はない。

三つの捌き

捌きは"直線""斜め""交差"

　では実際に敵に相対した時に、如何に動くべきか。本部流御殿武術では以下の三通りの脚捌きを基本にしている。

・最短距離で直線に踏み込む
・回り込んで斜めから相手の中心に踏み込む
・脚を交差して斜めから相手の中心に踏み込む。または相手の後ろへ回り込む

　いずれも歩みと攻撃は同時に行い、相手の攻撃の起こりを制して技を決めることが基本となる。一般的な競技格闘技とは異なり、本部御殿手は常に多敵を想定しているため、攻防は常に同時に行い、一撃で相手を打ち、その結果に拘泥せず、その場から移動し続けることが重要となる。また攻撃は予備動作を殺し、相手に防御意識を生じさせずに行う。その為にも先に登場した独特の歩み方を身につけることが必須となる。
　特に重要なことは、移動して打つのではなく、移動と攻撃を同時に行い、全てが歩み続ける移動のなかで行われていることだ。

　もちろんこれらのことは極めて難しく、ここで紹介する三つの捌きについても、そのどれをどのように組合わせて用いるかは相手の技量や武器、間合いなどを含め無限に選択肢がある。
　本書ではまず歩みの基本から始め、その後、実際の間合いや間や感覚を身につける相対稽古を紹介している。

捌き 一 直線

直線の捌きでは相手に対して最短距離で真っ直ぐに踏み込んでゆく。この際に必ず夫婦手で相手の攻撃を捌きつつ入る。

捌き 二 斜め

真っ直ぐに向かって
くる相手に対して、
外側に斜めへ踏み出
しつつ打つ。直線と
同じく、夫婦手でし
っかり捌きつつ打つ。

捌き 三 交差

回り込みと同じく、真っ直ぐ向かってくる相手に対して、斜めへ踏み出しつつ打つ。違うのは脚を交差させて出す点にある。一般的な格闘技では脚を交差させることを嫌うが、本部御殿手では、すべての動きがステップではなく、歩みのなかで行われることを前提としている為だ。交差の歩み足は移動距離が大きく、そのまま相手の後ろを取るなど様々に展開することができる。

つま先立ちの歩み
Tsumasakidachi no Ayumi

体術　移動動作

武の基本は全て歩みの中にある。特に大事なのは転換の際の脚捌きだ。04から05で右脚を着地した時点で、脚先の転換が完了している。

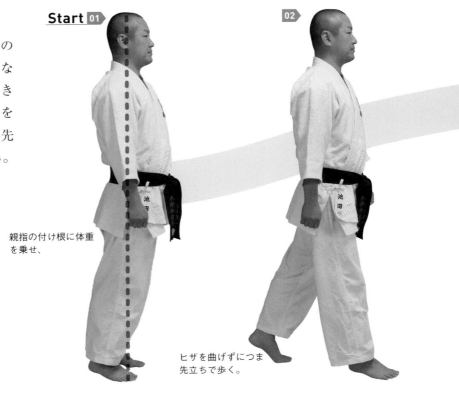

親指の付け根に体重を乗せ、

ヒザを曲げずにつま先立ちで歩く。

演武の際の上原先生。両脚共につま先立ちとなっている。

体が一本の棒のような気持ちで、胸を張り腹を中心として脚をまっすぐに伸ばし全身で歩く。
つま先立ちの歩みでは、足の親指の付け根に重心をかけて歩く。

※実際には一瞬ですが、ここでは撮影用に、特別に転換するところを見せています。

右脚が着地すると同時に左方向へ180度転換、

左脚も180転換して、

そのまま歩き続ける。

体術　移動動作

踵からの歩み
Kakato karano Ayumi

つま先立ちの歩みと同じく、着地した時に既に方向転換が完了している。

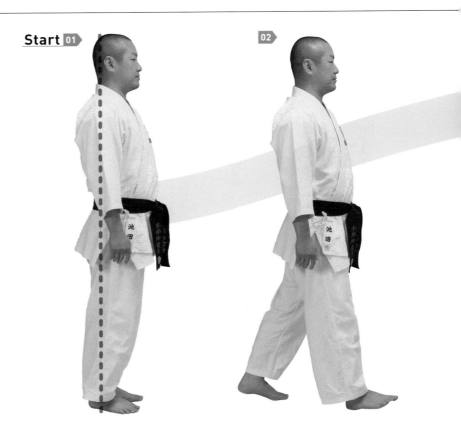

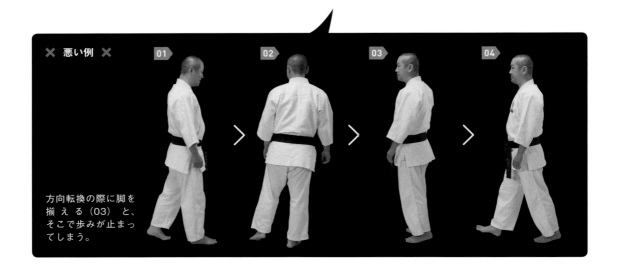

方向転換の際に脚を揃える（03）と、そこで歩みが止まってしまう。

基本的にはつま先立ちと同じく、着地点から体が一本の棒のような気持ちで、ヒザを曲げずに歩く。慣れてきたらつま先立ちと混ぜて歩く。

右脚踵の着地と同時に180度左転換。

06 finish

右脚を置いた時には、右脚は既に180度転換が終了している。

そのまま歩き続ける。

体術　移動動作

踏み込み運足
Fumikomi Unsoku

夫婦手の構えから、

前脚で大きく一歩踏み込み、

すぐに後ろ脚を引きつける。

運足の突き

踏み込んでの運足に突きを加える。一挙動で運足に連動して突くことが重要。前進する力と体重をしっかり拳に乗せる。

本部流御殿武術の特色は、攻防を歩みと共に行うことにある。その為の第一段階が、この踏み込み運足である。まず運足を単独で行い、慣れたらそこへ突きを加えてゆく。重要なことは"移動して打つ"ではなく、"移動"と"打つ"を同時に行うことである。まず単純な踏み込み運足でこれを行い、感覚を掴んでから歩み足へと進む。

後ろ脚を軸に、さらに一歩前進。

すぐに後ろ脚を引きつける。左右、脚を替えて行う。

体術　剛術

夫婦手の構えから。

左脚で踏み込みつつ、左突き。

右脚を引きつけつつ、右突き。

連突き

夫婦手の構えから歩法を加えての左右連続突き。一歩踏み込みつつ前手で打ち、後ろ脚を引きつつ奥手で突く。

夫婦手の構えから。

左脚で踏み込みつつ、左突き。

二一連突き

夫婦手の構えから一歩踏み込みつつ前手で突く。さらに一歩踏み込み、左右の連続突き。

一度夫婦手に戻り、

右脚で踏み込みつつ、右突き。

左脚を引きつけつつ、左突き。これを繰り返す。

右脚を引きつけつつ夫婦手に戻り、

再び左脚で踏み込みつつ、左突き。

右脚を引きつけつつ、右突き。これを繰り返す。

体術　剛術

夫婦手の構えから。 01

左脚を進めながら左突き。 02

歩み突き

大きく踏み込まずに、歩きながら突く稽古。突き手は踏み出す脚と同じ側で、歩みと突きを一致させる。突いた時に半身になるので、半身から半身へ転換しつつ歩き突く。
つま先立ちと踵のどちらでも行う。

歩み蹴り

突きを蹴りに変えて行う。夫婦手の構えから一歩踏み込んで蹴り進む。蹴り脚を下ろすと同時に後ろ脚を引きつけ、次の動きに備える。

01 夫婦手の構えから。
02 左前蹴り。
03 蹴り脚を戻さず前に置き、
04 右脚を引きつける。

右脚を進めながら右突き。

さらに左脚を進めながら左を突き、

右へ。スッスッと行う。

歩み回し蹴り

左右の回し蹴りを行いながら進む。夫婦手はしっかり構え、姿勢を崩さずに行う。

夫婦手の構えから。

左回し蹴り、

蹴り脚を前に置き、

そのまま右回し蹴りへ。

体術　剛術

夫婦手の構えから。　左外回し蹴り。　蹴り脚をそのまま前に置き、

夫婦手の構えから。　左内回し蹴り。　脚を前に置き、

右脚を引きつけ、 左前蹴りへ。

外回し前蹴り

外回し蹴りと前蹴りを交互に行う。いずれも左右どちらも行う。

左横蹴りへ。

右脚を寄せ、

内回し横蹴り

内回し蹴りから横蹴りを連続で行う。蹴りと共にバランスを養う。左右どちらも行う。

体術　剛術

夫婦手の構えから。

左脚で踏み込みつつ、左突きへ。

連突き蹴り

ここまでの内容を組合わせたもの。前進力を突き蹴りに乗せて歩みと同時に攻撃する。慣れてきたら様々なパターンで行っても良い。

さらに左脚を引き寄せつつ左突きへ。

右脚を寄せつつ、右突き。

右突きを戻しつつ、右前蹴りへ。

右脚をそのまま前に置きながら右突き、

第三章
型・素手相対(すでそうたい)

元手一・二、合戦手三・四・五
実戦手突き、実戦手蹴り
素手相対稽古基本一・二・三
見切りの稽古、素手相対稽古例
蹴りの相対稽古

第三章のポイント

型の意味を知る

　本部御殿手の型は基本に登場した、手之元、元手一・二、合戦手三・四・五、実戦手突き、実戦手蹴りの8本ある。このうち手之元と元手一・二は、上原先生が本部朝勇師より学んだもので、合戦手三・四・五は上原先生が元手一・二を基に工夫され作られた。その為、元々は合戦手とは呼ばれず、元手三・四・五とされていた。また元手も上原先生が習った当時は定まった型ではなかったものを、先生が稽古しやすい形に整えたものである。
　内容的には元手一・二は体の鍛錬と共に、剛術で重要な手の位置関係を身につけることに重点が置かれ、この位置関係を学ぶことが、剛術はもちろん、柔術の取手に繋がっている。その為、動きのなかに取手の動きが含まれている。
　合戦手三・四・五は剛術の突きを主体に、入り身による左右の突き蹴り、三本突きなどの連続技を含み、より攻撃的な構成となっている。実戦手突き、実戦手蹴りは、もともと当時所属していた弟子の薦めにより上原先生が作った学校体育用の突きと蹴りの構成の型が元になっている。諸事情あり、体育での普及は成らなかったが、その突きと蹴りの構成を活かして、息もつかさず連続した攻撃技で相手を一気に追い込み倒す、実戦型として再構成された。いずれの型とも最初の挙動が、立礼と同時に相手に突き込む（蹴り込む）のは、「実戦においては一瞬の隙も逃さない」という気持ちを動きに表したものである。その為、最初から最後まで動きを途切れさせず、一気呵成に攻撃し続けることが眼目と言える。
　学びにおいてまず型を正確に行い身に修め、修行が進むと共により自由に、その瞬間に応じた最適な形として現れることが望ましい。上原先生が仰った「型は自分で作れば良い」とはそういう意味だと私は理解している。

元手一と二の違い

元手一と元手二の違いは、一が正拳で二が貫手である以外は同じ動きで構成されている。その為本書では実戦手二のみを紹介している。敢えて別々に行われるのは、正拳と貫手では力の使い方が異なるためだ。（貫手の作り方は86頁を参照）

正拳で行う際は、しっかり拳を作り、力を体の内側に引き寄せる心持ちで行う。逆に貫手で行う際は、体の中心から指先までに張りを感じて行う。この内外への力の使い方を錬ることで、常に緊密な力の使い方を身につける。

上体は腰と背筋を伸ばし、拳は肩幅より拳ひとつ分外側に置き、肘を内側に絞るようにして、両方の肩甲骨を背中のまん中で合わせるような気持ちで胸を張る。これによって自然に空気が肺に入ってくるので、特別な呼吸を意識して行う必要はない。

ヒザを伸ばし、胸を張り、全ての関節をノビノビと使い、丹田を中心に、力が体の中に常に満ちている状態を養う。

元手一・基本姿勢（正拳）

Front　　　Side

元手二・基本姿勢（貫手）

Front　　　Side

本部御殿手の貫手

　本部御殿手の貫手は、一般の貫手とは異なり、親指を人差し指内側へ添える。これにより剛性が高まり、打つ、突く共に大きな威力を発揮することができる。また、この伸ばした四本の指をガイドにすることで目や喉、肋骨の間などの小さな目標により正確に親指を入れることができる。その他に指先を斬るように横に払ったり、バラ手にして打つ用法もある。また取手においてもこの貫手の手で、親指と中指で挟み取り極める。

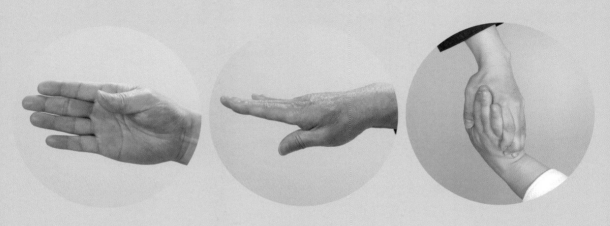

貫手で狙う箇所の一例

取手の一例

貫手の打ち方

基本の打ち方。平行立ちから、

体の中心に向かい、半身になりながら打つ。

反対側も同様に半身の体捌きで行う。

Front

攻防一体の夫婦手

　本部御殿手では相手の攻撃を受け、返すといった二挙動は用いず、常に相手の攻撃を体捌きなどで無効化しつつ攻撃する、一挙動の攻防一体の動きを基本としている。これは本部拳法とも共通している。この為に有効なのが夫婦手だ。左右の手を夫婦のよう連動させ、「前手で打ちながら、後ろの手で相手の手を捌く」「前手で相手の攻撃を封じながら、後ろの手で攻撃する」「諸手による上下への同時攻撃」など、様々な局面で応用が利く。また半身で使うことで前手が伸びると共に懐が深くなり、相手にとっては自分を打つことが難しくなる。
　素手の稽古ではつい自分の攻撃を当てることに注意が向かいがちだが、相手が武器や多人数であることを常に想定し、いつでも相手の攻撃を捌きつつ攻撃ができる攻防が一体であることと、動き続けられる体勢であることに注意して稽古する。

夫婦手の用例①
平行立ちの構えから、

夫婦手で相手の中心に割り入る。

夫婦手の用例②
半身立ちの構えから、

前手で打ちつつ、後ろ手で相手の攻撃を封じる。

諸手の突き

夫婦手の構えから、　　貫手による上下同時攻撃　　正拳による上下同時攻撃

Front

自分の中心を守りつつ、　　真っ直ぐ突き出す。　　正拳でも同じ。

夫婦手の捌き

　夫婦手の捌きの基本は自分の中心を守りつつ、相手の中心を抑えることにある。これによりただ捌くだけではなく、捌きつつ相手の体勢を崩し、取手や後ろへの回り込みなどができる。本部御殿手は攻防一体が基本である為、捌きのみを行うことはないが、夫婦手でしっかり相手の攻撃を前に入って捌く意識を養うことは重要だ。

夫婦手の構えから、　左捌き、　右捌き。

Front

相対での捌き。自分の中心を守りつつ、相手の中心を制しているのがよく分かる。前手を変えるだけで攻撃技となっている。

半身立ちの構えから、

夫婦手で中心を捌いていく。

✕ 悪い例 ✕

相手の攻撃を捌いているが、自分の中心が空いてしまっている。

前手を顔に向ければそのまま攻撃技となる。

元手が含む取手

　元手のもう一つの要訣は、動きの中に取手の押し手が含まれている点だ。両手を体の中心に向けて捻りながら真っ直ぐ伸ばす動きがそれだ。この時両手は床面に対し平行に進めつつ、両足底の親指付根を軸にして、全体重が肩から腕を通り手の先に乗るようにする（03破線参照）。これが取手の一つ、押し手になる。さらに、両手の先を内側に捻りながら肩幅に開くことにより取手の技が強烈に決まる（04）。逆に内側に捻りながら引き寄せることで相手を上に極める取手になる。

腰の位置から、

内側へ捻りつつ、体に沿うように中心に伸ばす。

下への取手と上への取手

両手を内側へ捻りつつ

体の中心に向け

伸ばし極める。

手を伸ばした時、肩から手の先へ、全体重を乗せる。

さらに両手を捻りながら開くことで強烈な極めとなる。

両手を内側へ捻りつつ

体の中心に向け、

引き極める。

体術 元手

元手 (二)
Motote ❷

元手一は割愛している。次項と 85 頁を参照。

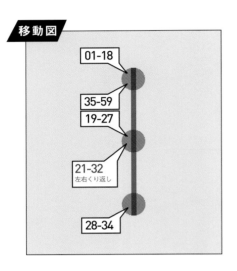
移動図

Start 01 / 02

結び立ちから、 / つま先を開きつつ手は腰へ。

13
右腕で同じことを行う（以下略）。

12
外側へ開く。この開きが技の極めとなる。

11
中心に突き入れた手を、

10
体の中心に向けて捻りつつ貫手。

元手一、元手二の違いは拳で行うか、貫手で行うかだけの為、ここでは元手二を紹介している。元手の目的は武術に必要な身体を鍛えることが主眼となっており、各動作を一挙動ずつ力を持続させながらゆっくり行う。この型を繰り返すことで剛術に重要な手の位置関係を身につけ、相対動作での動きがよりスムーズになる。また取手の基本技もここに含まれている。

踵を開きつつ、

手のひらを外側に向ける。脚は平行立ち。

右脚を内側へ引きつけつつ、手を交差。

右脚を左脚の半脚前にしつつ腕を開く。拳先を肩幅より一つ広く開き、ヒジを内側へ絞り元手の基本姿勢になる。

左手を体の中心へ、

鳩尾を経由しつつ、

脇の下へ引きつける。

体術　元手

ヒジを中心に、再び基本姿勢へ戻る。

右脚を一歩進める。

元手一・二の移動は前へ三歩（右脚前、左脚前、右脚前）、180度転換して後ろへ二歩（左脚前、右脚前）、最後に180度転換して戻るのみである。単純であるがゆっくりと動作を切らずに行うことが求められる。

左脚を一歩進める。

体術　元手

左手を体に沿わせつつ引き、

腰の位置へ。

右ヒジ下に左手をつけ、

右脚を左脚前に交差で移動させ、

外側へ開き、

元手の基本姿勢へ。

左手を腰の位置に引き、

内側へ捻りながら突き出す。

体術　元手

45 突き出しから、外側へ開く。
46 基本の姿勢に戻り、
47 右脚を寄せ、
48 右脚前に。

59 finish 終了。
58 指先を地面に突きさすように伸ばしつつ息を吐き呼吸を整え、
57 両掌を上に向け胸の高さまであげながら大きく息を吸い、
56

両手を腰に引き、

体に沿わせて内側へ捻りつつ突き出し、

体の中央に伸ばしきり、

左右へ開く。

手は腰の位置へ引き、下ろす。

合戦手

Kassente ❸

元々は元手三だったものが合戦手三となっているので、元手二からの続きになる。

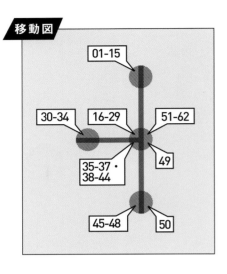

移動図

羽脚立ちから、

つま先を開きつつ、手は貫手の形に。

右拳で同じことを行う。

合戦手三は、剛術の突き（正拳）を主体に、入り身による左右の突き、蹴り→突き、三本突きといった正拳での攻撃技で構成されている。くり返し行うことで、実戦的な連続した攻撃技から、取手術、武器術へと繋がっていく。合戦手三〜五を一人で行う時は、できるだけ大きく踏み込んで行う。

03 踵を開いて、手を正拳にする。

04 右脚を半脚前に進めつつ元手一の基本の形に。

05 左拳を体に沿って腰に引く。

10 基本の形に戻る。

09 中心から外側へ拳を引く。元手と同じ。

08 体の沿うように中心へ突く。

体術　合戦手 三

左脚を引き寄せ、

右脚の半脚前に置く。以下、05〜14までを、左右を逆にしてくり返す。

拳を引くと同時に左蹴り。

左突き

右突き、

右90度転換。

体術 合戦手 三

蹴り脚を下ろすと同時に左突き。

右突き、

左突き、

右突き。

正面を向いて左突き。

右90度転換。

右180度転換。

左脚を寄せると同時に右突き。

以下29〜33を繰り返す。

体術　合戦手 三

左突き、以下、29〜33を一度繰り返す。

47・48をさらに2回、左・右・左・右と突く（写真省略）。

手のひらを内側に返して終了。

もう一度貫手を知った方向へ伸ばし、

貫手を胸の位置に戻しつつ、右脚を引きつけ閉脚立ちに。

貫手のまま下方向へ伸ばす。

一歩後ろへ下がって、諸手突き。

逆に右脚前で踏み込みつつ、諸手突き。

再び下がって、

諸手突き。

右脚を進め平行立ちに。両手は腰へ。

両拳を中央に出し、左右に開く。

拳を引きつける。

開手にする。

捻りつつ正面に諸手の貫手を前に出し、左右に開く。

腰に戻し、

合戦手 四

Kassente 4

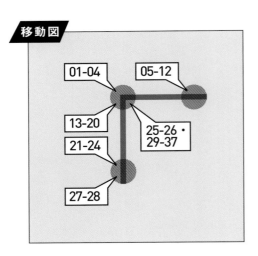

移動図

合戦手三 25（105頁）の形から。

右突き、

左突き。

左180度転換し、

合戦手四は最初の部分は合戦手三の（1〜25）と同じ。合戦手四の特徴は貫手と正拳を入り交ぜた連続技と入り身による左右突きからの蹴り突き、三本突きといった連続攻撃にある。体勢を崩すことなく正確に素早く行う。

左へ90度転換、

右貫手、

貫手を戻さず、そのまま右前蹴りから、

左突き、

右突き、

体術　合戦手 四

左貫手、

右貫手、

右前蹴りで踏み込みつつ、

さらに左・右・左の連続突き。

右突き。

右前蹴り、

右貫手、

体術　合戦手 四

25 左突きを戻しつつ後ろへ下がり、

26 諸手突き。

37 finish 終了。

36 両手を伸ばしたまま地面に向け、

35 胸の位置に上げつつ閉脚立ちへ。

34 貫手のまま地面に突き刺すように伸ばし、

27 前へ踏み込みなが
ら、

28 再び諸手突き。

29 再び後ろへ下がりな
がら、

30 諸手突き。

31 平行立ちになりつ
つ、伸ばした諸手を
脇腹の位置へ戻す。

32 貫手のまま体の中央
に伸ばし、左右に開
く。

33 再び脇腹の位置へ。

体術　合戦手 五

合戦手 ㊄
Kassente ❺

移動図

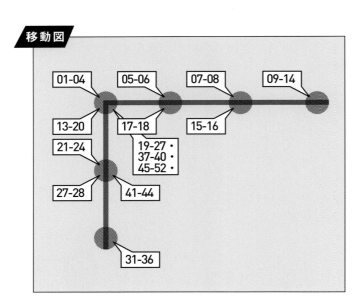

Start 01

結び立ち。

09 さらに左右の貫手を連打で打つ。

08 手を開きながら蹴り、

07 諸手による貫手。

合戦手五は、剛術の突き（貫手）を主体に、突き蹴り、諸手突き、三本突きといった、実戦的な攻撃技で構成されている。いずれも貫手で行うことにより、両手が自在に使うことが出来、取手術や武器術へと繋がっている。

両つま先を開くのと同時に、手を腰の位置へ。

平行立ちへ。手を下方へ伸ばす。

左へ90度回り込みながら、両手による貫手と蹴りを同時に出す。

踏み込んで貫手。

そのまま前蹴りへ。

体術　合戦手 五

左・右・左の三連続で貫手。

脚を下ろすと同時に貫手。

体術　合戦手 五

左へ90度転換、正面に向き直りながら貫手。

左180度転換し、後ろに向く。

以下、04〜12の繰り返し。（写真省略）

即、体を捻りながら貫手による突き。

正面から見ると、体を捻って蹴りに繋がっているのがよく分かる。

以下、06〜12と同じ。

体術　合戦手 五

貫手の勢いを使い、左180度転換し正面へ。

向き直ると同時に両手による貫手。

相手に両手でのし掛かるようにしながら掻き分け、

蹴りへ。

終了動作へ。最後までしっかり貫手を伸ばす。

踏み込んで左右の貫手の連打へ。

右脚を引いて下がり、

脚が決まると同時に両手による貫手。

貫手のまま脇腹の位置へ戻し、

両貫手で地面を突き刺すように伸ばし、

体術　実戦手突き

実戦手突き
Jissentetsuki

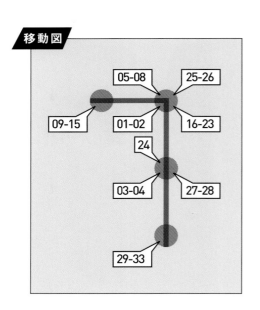

移動図

結び立ちから、　　立礼。

蹴り、そのまま左右の連続突きへ。

転換の勢いを利用し、両手での捌きから、

実戦手突きは、正拳による突き技を主体に、蹴り、三本突き、捌きで構成されている。「戦いとなれば先手必勝」という姿勢を体で表すため、始めの礼から頭を上げるなかで、大きく踏み込み相手に接近し正拳で突き込む。

03 即、前方に一歩踏み込んで正拳で突く。

04 左180度転換、後ろへ向き、

06 右270度転換、

05 一歩踏み込みつつ正拳突き。

最初の正拳突きは立礼から頭を上げつつ打ち込む。しっかり夫婦手で打つ。

Side

体術　実戦手突き

左からの連続突き。

左右の連続突きから方向転換。

右180度転換し、以下07〜12の繰り返し。

体術　実戦手突き

右90度転換し、正面に向く。

正拳を開いて体側につけ姿勢を正し終了。

両拳を体の下方に伸ばし、

伸ばした正拳を脇腹の位置へ戻し、右脚を引いて結び立ちへ。

再び諸手突き。

踏み込むのと同時に、左右の正拳突き（ここでは左の突きは省いている）。

両脚で一歩後退し、

脚が決まると同時に諸手突き。

さらに両脚で踏み込み、

諸手突き。

さらに両脚で一歩前進し、

体術　実戦手蹴り

実戦手蹴り
Jissentekeri

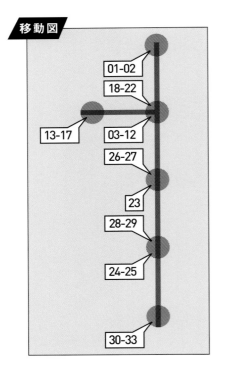

移動図

Start 01

結び立ちの姿勢から、

02

立礼。

10

左へ横蹴り。

09

右脚を下ろすと同時に、軸脚を右に変え、

基本的な動きは実戦手突きと同じだが、こちらはほとんど蹴り技で構成されている。転換しつつ連続で蹴るため、当然バランス感覚や強い軸が必要となる。頭は下げず、常に周りを見渡せることができるように注意する。実戦手突きと同じく立礼と同時に攻撃する。

即、前方に一歩踏み込んで、

蹴りへ。

すぐに左180度転換し蹴る。

一旦脚を戻し、

左軸脚で右へ横蹴り。

すぐに左90度転換、

体術　実戦手蹴り

右側へ向くと同時に、

右外回し蹴り、

連続で左外回し蹴り。

正面に向くと同時に、両手で左へ捌き、

この時も軸がぶれないように注意。

右内回し蹴りで左へ270度転換。

体術　実戦手蹴り

蹴り込む。

脚を置くと同時に一歩前に踏み込み、

両手の正拳突きと蹴りを同時に出す。

体側へ両手をつけて姿勢を正し終了。

貫手のまま両手を体の下方へ、地面を突き刺すように伸ばし、

貫手のまま脇腹の位置に戻しつつ、右脚を引き結び立ちへ。

蹴り脚を置くと同時に、

両脚で一歩後退しつつ、両手による貫手。

両手を引くと同時に、

両脚で前に踏み込みつつ、両手で貫手。

両手を戻したところで、

さらに一歩前に踏み込み、両手で貫手。

第一章　基本

第二章　歩法と捌き

第三章　型

第四章　取手

第五章　武器術と多敵

第六章　舞の手

第七章　本部拳法

資料編

135

素手相対稽古の要訣

相対稽古で学ぶ、実戦の間

　本部流御殿武術の稽古体系は単独での稽古に始まり、対人を相手にした相対稽古へと進む階梯となっている。最終的には相手に自分の動きを悟らせず、第二章で紹介した三つの捌き（直線、斜め、交差）による一瞬の入り身で倒すことを目標としているが、その為には、"間合い"や"間（タイミング）"といった感覚を養う対人の相対稽古が不可欠である。

　ここでは、"素手相対稽古基本"と、本部拳法で行われる"見切りの稽古"を紹介し、その後でより実戦的な展開を紹介する。

　"素手相対稽古基本"は以下のとおり大きく3つの階梯に分けられる。

1、合掌による捌き
2、片手を使った捌き
3、夫婦手による捌き

　いずれも最初は斜めへの捌きを中心に左右で行い、慣れてきたら交差や直線などを行う。大事なことは最初はゆっくり行い、確実に相手の攻撃を捌くことだ。素手による稽古では繰り返すうちに、捌きや防御の意識が疎かになりがちだが、常に相手がナイフや棒などの武器を持っていることを想定し、相打ちではなく、必ず自分の安全を確保しつつ相手を制する間合い感覚を養う。捌く際には姿勢を崩さず、ここまで紹介してきたように常に真っ直ぐな姿勢のまま行う。

　また常に相手の起こりを意識することが重要だ。動く気配を感じて動くことで、徐々に相手の動き出しの先を取って動けるようにする。慣れないうちは突きを打つ人間は、事前にどちらの突きを打つのかを決めて行い、慣れてきたら左右のどちらの突きを打つかを相手に知らせずに行う。この際も最初はゆっくり行う。捌く側も慣れてきたら左右どちらへ捌くか、どの方向に捌くかを決めずに行う。稽古では失敗を恐れず、自分の感覚を信じて即座に動くことも大事だ。

こうした相対稽古は筆者自身が道友と稽古をするなかでまとめたもので、現在も手道館では行われている。

胆力を養う"見切りの稽古"

"見切りの稽古"は本部拳法で行われる稽古法である。
突く側は相手の背中まで突き抜くつもりで打ち、払う側はギリギリのタイミングでこれを上から払い落とす。最初はゆっくり行い、徐々に早く強くしてゆく。

この稽古で大事なのは、突きが自分の体に当たるギリギリで払うことだ。この時、脚は動かさずに行う。これにより相手の攻撃を見切る感覚と、胆力を養う。

また、徐々に突きの速度を早くすることで、相手の突きの起こりを捉える感覚を養うことも重要だ。眼で見て反応するのではなく、動きの気配を感じ、それに反応して動く力を養成する。

合掌の捌き

片手の捌き

夫婦手の捌き

見切りの稽古

剛術　素手相対稽古

素手相対稽古基本 ㊀
Sude Soutai Keiko Kihon ❶

㊀ 合掌相対　直線の捌き

相手の突きに対して、合掌で手を正面に差し入れる。最初は脚を止めて行い、慣れたら脚をつけて、突きを外しながら真っ直ぐ進む。左右行う。

㊀ 合掌相対　斜めの捌き

相手の突きに対して、合掌しつつ斜めへ入り、両手を広げながら横へ回り込む。左右行う。

㊀ 合掌相対　交差の捌き

相手の突きに対して、合掌しつつ脚を交差に進め横へ回り込む。左右行う。

最初は第一章の基本に登場した、"合掌"の動きで行う。初めはゆっくり大きな動きで行い、前に出ながらしっかり捌く。突く側も最初はゆっくりで良いが、相手の捌きが甘ければ、必ず当たるように真っ直ぐ打つ。慣れてきたら徐々に突く速度を上げて行う。

剛術　素手相対稽古

素手相対稽古基本 ㈡ ㈢
Sude Sotai Keiko Kihon ❷ ❸

㈡ 片手相対　斜めの捌き

相手の突きに対して、片手で外しながら斜めに入る。手と同時に脚を進め、二歩目で相手の横に入る。歩きながら確実に片手で捌く感覚を身につける。左右行う。

㈡ 片手相対　交差の捌き

相手の突きに対して、片手で外しながら交差で斜めに入る。要領は斜めの捌きと同じ。左右行う。

㈢ 夫婦手相対

相手の突きに対して、夫婦手で捌く。最初は両手で捌き（02）、慣れてきたら片手で捌きつつ、反対側の手で相手の顔を狙う（03）。斜めの捌き、交差の捌き（04）で行う。左右行う。

基本一で行った体捌きを片手・夫婦手を加えて行う。どちらも一歩踏み込みながら確実に捌く。夫婦手相対では、片手で捌きながら片手を相手の顔に向ける。最初はゆっくり行い、慣れてきたら突く速度を上げて事前に突く方向を決めずに行う。いずれもまず体捌きを確実に行うことが重要。

剛術　素手相対稽古

見切りの稽古
Mikiri no Keiko

素手相対稽古例
Sude Sotai Keiko rei

Point

夫婦手でしっかり守ることで、相手の突きを抑えつつ入れる。

最初はゆっくり確実に突き、払う側は突きの起こりを捉えつつ、体のギリギリで動く（01～02）。慣れてきたら少しずつ速度を上げて、前に出て抑える。これを夫婦手で行えばいわゆる空手の回し受けの形となる（03）。この見切りと基本の捌きを合わせると、相手の突きを捌きつつ突き、そのまま歩を進める動きへと繋がる（04～06）。

ここまで行ってきた基本の動きを元にした稽古例を以下に示す。上原先生は常に、「同じことは二度とない。その瞬間最も効果があればそれが良い技だ」と仰っていた通り、技はその刹那に生まれるものである。そのことを念頭に各々で工夫して欲しい。

夫婦手で真っ直ぐ突き込む例。

交差で捌きつつ倒す例。

剛術　素手相対稽古

蹴りの相対稽古
Keri no Sotai keiko

止まった位置から蹴る

両者共に止まった位置から前蹴りを蹴る。最初はゆっくり、基本の通りしっかり脚を伸ばす。

離れた位置から蹴る

2〜3歩ほど離れた位置から飛び込みながら蹴り込む。慣れたら距離を色々変えて行う。

本部流御殿武術では蹴りもよく行う。上原先生は、「蹴りは8割から9割」とも言われ、朝勇翁も蹴りが得意で"本部の足蹴り"の異名を持たれていた。相対稽古では最初は止まった位置からゆっくり行い、次に蹴る側が歩きながら行う。蹴りは非常に強力なので、蹴り込む際は防具を着けて行う。ただしその場合でもあまり回数は行わない。

捌いて蹴る

接近してくる相手を捌きつつ蹴る。その場で捌くのではなく、必ず前に出ながら捌きつつ蹴る。

刺し蹴る

蹴ろうと接近してくる相手の蹴りが伸びきる前に蹴る。起こりを捉えて、先に間合いを取る。

突き蹴る

前蹴りと同時に顔面を突く。蹴りを捌こうと反応して空いた顔面を突く。

ヒザ蹴り

要領は前蹴りと同じ。捌きつつける（01〜02）。そのまま相手のヒザ裏を踏み崩しても良い（03〜04）。稽古ではゆっくり行う。

二段蹴り

上段に高く蹴り上げ相手の突きを払い、鳩尾に踵を落とす。

Point

突き、蹴り共に動きは脚で地面を蹴って行うのではなく、前に倒れかかる力で行う。右は極端にそれを表したもの。自分の動きの起こりを相手に感じさせず、威力も増す。

琉球王家秘伝本部御殿手極意武術五ヶ条　宗家・上原清吉

一、武は剛拳のみに存在するにあらず。一撃にて倒す剛拳で体を練り、それを礎とし柔拳にて心と技の真意を悟なり。琉球王家秘伝武術真の技もここにし存在することを知るべし。

二、技のみに頼り、相手に傷を負わすことは容易なり。いかなる武器を持ちて、立ち向かへど相手に傷を負わすことなく取り押させ屈服させる技を秘伝と称す。多人数相手なれば尚のことなり。傷つけて怨みを買うのは真の武と言わず。

三、琉球王家秘伝の武は「拳」だけに頼ることなく、身辺のものすべてが武器となる。身を護る秘伝の奥義は「剣」にあり武の頂点は「舞」にある。

四、六尺棒、二丁短棒、釵、二丁ヌウチク、打棒、トウファ、ウェーク、杖は言うに及ばす山刀、蛮刀、槍、両刃の剣、長刀、剣の技は真剣勝負となればなるほどに、実戦において示したる体験を発揮する。一撃にて勝負をつける秘伝こそ本部御殿手の極意なり。

五、心素直なれば求むるものすべて武の心に通ず、自然の姿の中から武の心を感じとる修練こそ、真の武に通ずるものと心得るべし。邪を捨てて修練に励むことこれを虚心なる「武」の道という。武の頂点に向ひただ無心で歩むのみ。

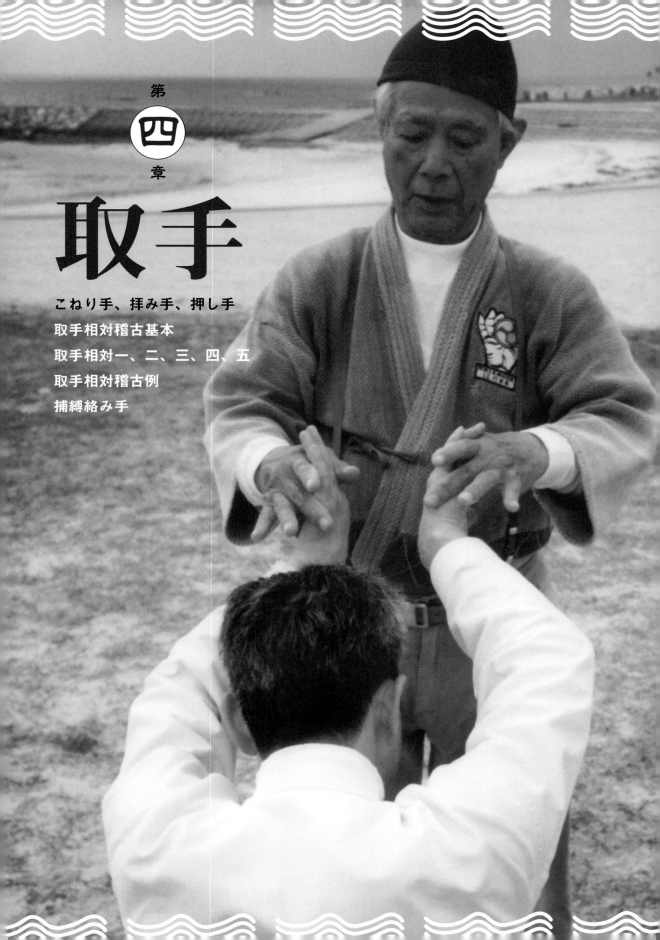

第四章 取手

こねり手、拝み手、押し手
取手相対稽古基本
取手相対一、二、三、四、五
取手相対稽古例
捕縛絡み手

第四章のポイント

一瞬で手首を極め壊す"取手"

　取手（沖縄ではトゥイティー）は、本来は突き蹴りの剛術と武器術を学んだ後に学ぶもので、極めて高度な技術である。相手を突き蹴り、武器で抑えるのではなく、傷つけることなく取り押さえる為には、武器術に精通していなければならず、素手により敵を無抵抗にする技術は、琉球王家に伝わる武術らしい品格を感じさせる技法である。朝勇翁は取手のことを「手の取り方」（てぃぬとぅいかた）と呼ばれ、その動きは柔らかく、琉球舞踊に含まれる、こねり手・拝み手・押し手がそのまま取手の技となっており、一見すると優美にすら見える。

　しかしその威力は強烈で、一瞬で相手の関節を極め、身動きができない状態にし、そのまま投げや固めに転じることができる。

　取手で狙うのは相手の手首関節である。手首は相手が素手でも武器でも最も自分に近く精妙に動く反面、脆いため極めやすく、ここを破壊すれば相手が武器を持つことを封じることができる。

取手は、

・こねり手
・拝み手
・押し手

の三つがある。

　いずれも琉球舞踊の手の基本的な形といわれ、舞踊で「あて」と呼ばれる手首を捻ったりこねたりする技巧は、本部流御殿の「極め」と共通している。

　取手の握りは、指で掴むのではなく、貫手と同じ形で親指と中指を伸ばし挟むことで取る。人差し指ではなく、中指を使うことで、手の軸がぶれずに手の内からの強い力が伝わる。

　技をかける時の握りは、武器を握る時の手の内と同じで、指で強く握り込むのではなく、手全体で包むように取る。
　これにより相手が逃げようとしても、こねり手から拝み手へ、さらに押し手へと自在に変化でき、確実に極めることができる。

上原先生の取手を見ると、しっかり親指と中指が利いていることがよく分かる。

上原先生の取手は見た目からは想像できないほど強烈で、息が止まるほどだった。

　同じことは武器を使う際にも言える。剣や刀、槍などを歩きながら使うには、間合や相手の位置に応じて刃筋を調節する必要があり、その為には柔らかな手の内が必要となる。上原先生のお写真を見ると、手の内を大変柔らかく使ってり、改めて原則を守られていたことがよく分かる。
　稽古では相手のレベルに応じて極め、怪我のないように注意する。

　ここで紹介している取手相対一〜五は、もともと演武に際して上原先生が作られたもので、手道館では取手の基本型として行っている。

写真からも手の内の柔らかさが分かる。

二人を同時に取手で極める上原先生。

体術　柔術

こねり手
Konerite

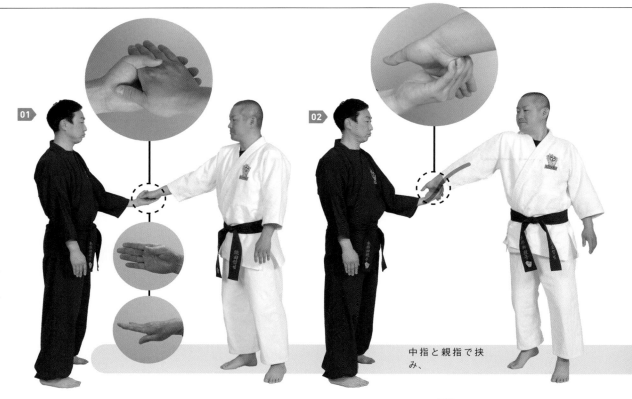

中指と親指で挟み、

手首を極める手

右はこねり手ではないが、本部御殿手でよく使う手首の極めをあげる。原理は同じく、親指と中指の二指で挟み取り、触れた瞬間に手首を折り極める。稽古では常に親指と中指を意識して行う。

取手の中でも最も使うことが多いのがこねり手だ。琉球舞踊の手首をこねらせる動きと同じで、手は貫手の形で相手の手を親指と中指挟み取り、自分の手首をこねらせて相手の小指側から手首を極める。徐々に極めるのではなく、小指からを一気にヒジ、肩と相手の体の中心に直線的に極める。

親指を軸に手首をこねり極める。

体術　柔術

拝み手
Ogamite

Front

掌全体をつけるのではなく、指先が触れあう程度。

Side

相手の手首を両手で包むように取り、拝むような形で、相手の小指側を折るように極める。手だけで行おうとせず、自分の胸から押していくようにして極める。

01 両手で相手の手を取り、

02 小指の方向へ、体全体で拝むように極める。

03 体全体で拝むように極める。

体術　柔術

押し手
Oshite

手を開いた状態から、

内側へ返しつつ、

一歩進んで極める。

押し手は取った手を内側へ捻りつつ、小指側の筋を極めつつ前に一歩踏み出し極める。稽古の際はまず一人で動きを確認してから対人でゆっくり極める。手首は脆いので注意して行う。

親指と中指で相手の掌を取り、

内側へ返しつつ、前に出る。この時、手で押すのではなく、体ごと前へ、中央に手を伸ばしながら行う。

極まるのは小指側。自分の指先をしっかり伸ばすことで、相手の手を取り、力を伝えられる。

取手相対稽古基本

Torite Sotai Keiko Kihon

片手相対　斜めの捌き

相手の突きに軽く手を添えながら斜めに入る。前に出ながら確実に捌きつつ、手を取る感覚を身につける。左右行う。

片手相対　交差の捌き

相手の突きに軽く手を添えながら、交差で入る。左右行う。

慣れてきたら、軽くこねり手を極める。初心者は手首が鍛えられていないので極め過ぎないように注意する。また、極めようとするあまり捌きが疎かにならないように注意する。

剛術の相対稽古基本で行った、斜めと交差の捌きをしつつ、突きに手を添える。最初はゆっくり行い、徐々に突く速度を上げて、事前に左右の突きを決めずに行う。慣れてきたら軽くこねり手を極める。

柔術　取手相対稽古
取手相対㊀㊁
Torite Sotai ❶ ❷

取手相対一・二は夫婦手で接近するところまでは同じ。夫婦手の前貫手で相手の目を牽制しつつ手を取る。

02 夫婦手で突きを捌きながら接近、

03a 取った手で相手のアゴを打ち極める。取手相対一。

03b 取った手を垂直に差し上げる。取手相対二。

04a 極めたまま下へ極め倒す。

04b 極めたまま下へ極め倒す。

取手相対 ㊂
Torite Sotai ❸

夫婦手で顔を打ちながら手を取り、こねり手で極める。最初はゆっくり、慣れたら節を作らずに一息で行う。

アゴをカチ上げながら手を取る。

取った腕を極め伸ばし、腕の位置はそのままで、極めながら下がって腕をくぐり、

手を取ったまま反転。

下へ極め崩す。

柔術　取手相対稽古
取手相対 ㈣
Torite Sotai ❹

突きを受けつつ捌きこねり手に極める。最初に両手に受けつつ、多敵に備え片手に変化する。

01

02 捌きつつ相手の突きを抑え、こねり手へ。

03 極めつつ片手になり、

04 回り込んで、極め倒す。

05

166

取手相対 ㊄

Torite Sotai ❺

相手の腕を取りながら捌き、投げる。しっかり顔面へ突きの牽制を掛けることで、確実に捌く。

01

02 相手の中段突きを捌きながら、顔面突きで接近。

03 突きを避けて頭を抑えつつ、手を脇下へ入れ、

04 捌きながら投げる。

柔術　取手相対稽古

取手相対稽古例
Torite soutai keiko rei

01

02 突きを捌きながらこねり手に取り、

こねり手、極めの分解写真。

03 取った手の位置はそのまま、体の反転で極める。

以下は取手の稽古例を示す。基本はまず確実に捌くこと。手を取ろうとするあまり相手の正面に立たず、しっかり捌きながら取ることが重要。怪我に注意してゆっくり行う。慣れてきたら、夫婦手の剛術から取手への変化や、背後に回ったりと色々試すと良い。

突きを捌きながらこねり手へ。

極めながら回り倒す。

Point
沖縄舞踊「浜千鳥」に登場するこねり手の部分。合わせて見ると動きが同じであることが分かる。

柔術　取手相対稽古

夫婦手で捌きながら接近し、

こねり手を極めながら、片手で首を制して倒す。

柔術　取手相対稽古

肩を取られたところから、

貫手で目に牽制して崩し、

こねり手に極める。添えた手は真っ直ぐ伸ばす。

胸を押されたところから、

押す力を逆らわず、そのまま手を取り、

両手でこねり手に極める。

柔術　取手相対稽古

胸を捕まれたところから、

両手でこねり手に取り、

拝み手で極め倒す。

構えの状態から、

前手を取りつつ接近、一気に極める。

突きを捌きつつ接近、片手で取りつつ、顔へ牽制を入れる。

相手の腕を折りたたむようにこねり手を極める。

肘を手で押さえてしっかり極める。

柔術　取手相対稽古

手を取ったところから、

下へのこねり手。

取手の変化

手首に粘りが出てきたら、掛けられる方が逃げるのを、自由な取手の変化で追っても良い。怪我をしないように注意して行う。

再びこねり手で極める。

押し手で内側に捻り、

反転してかわそうとするが、

03 外そうと手首を回そうとするころを、

04 拝み手で極める。

05 なんとか立ち上がろうとするころを、

07 こねり手に極める。

06

第一章 基本
第二章 歩法と捌き
第三章 型
第四章 取手
第五章 武器術と多敵
第六章 舞の手
第七章 本部拳法
資料編

柔術　取手相対稽古

貴手で相手の前手の軌道を変えつつ、交差の捌きで接近。

後ろへの回り込み

要領はこれまでと同じ。相手の顔面を牽制しつつ交差の捌きで入る。稽古であってもしっかり顔面を突く気で行う。
交差の捌きは歩み足であるので移動距離が大きく、こうした動きができる。

顔面を牽制。

牽制した手とは逆の手を首に回し、

引き倒す。

体術　柔術

補縄 絡み手

Hojyo

取手で極めた相手を縄で捉える技法。片手でもしっかり極め捉えることができる取手だからこそ行える。縄を腕から首に回しているので、自分の腕の重みで首が絞まる。

縄の持ち方。縄は麻製で長さは2メートルほど。

上原先生による試演

01 取手で極めた相手の手首に縄をかけ、

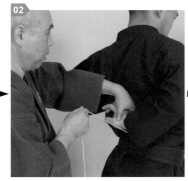
02 背中に手を押しつけ、

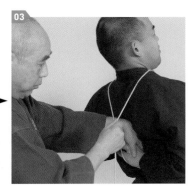
03 縄を首に回す。

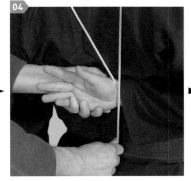
04 手首に縄を回す。（04・05）

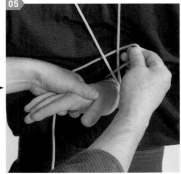
05

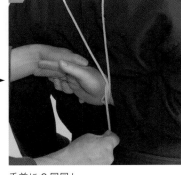
06 手首に2回回し、

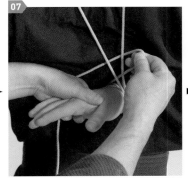
07 首に掛けた縄の中を通す。

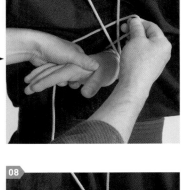
08 結んで通す。

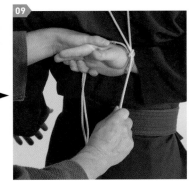
09 縄を引けばすぐに解ける。

遺歌　本部朝勇翁極意相伝訓

寄ゆる歳波に遺す物ねらんただ遺ち行ちゅし我みの手並

【歌意】 年月が過ぎ、いよいよ老境に入った。私（本部朝勇）がこの世に遺すものは何もない。ただ遺してゆくのは、代々受け継いできた本部御殿手の武の技だけである。

若竹とともに若竹ゆ育て本枝の栄え年と共に

【歌意】 私は、若松（本部朝茂）と共に若竹（上原清吉）を育て本部御殿手の奥義を伝授した。
本部御殿手の技は、大樹の年輪のように、幹も枝も繁茂し、年月と共に幾世までも栄えることだろう。

むちぬてる糸にとらわれる鷹ん怪我んねんむんぬぬんち飛ばん

【歌意】 鳥モチを塗った仕掛け糸に捕われている鷹は、怪我もないのにどうして飛び立つことができないのだろう。相手を無抵抗にして、取り押さえる。御殿手の武術も、そのようなものである。

風にうちなびく若竹のごとに技やむちむちとかるくかわし

【歌意】 風に吹かれてゆれ動く若竹のごとく相手の力に抵抗せず、逆らわず、しなやかに柔軟性をもって、武の技は無心にかけ、相手をかわしていきなさい。

松の根の深さ掘てるうみしゅる技の奥深さ学でしゅる

【歌意】 樹齢のいった松の樹の根の深さは、掘ってみなければ分からないように、御殿手の技の奥義も、修練を重ね学んでこそ身につき、体得できるのである。

按司方の舞方ただおもてみるな技に技する奥手ゆりば

【歌意】 按司方（本部御殿手の継承者・本部朝勇）の舞姿を、単なる舞い踊りと思って見てはいけない。その舞には、技のうえに技が重なって尽きることのない武の奥義が秘められているのだから。

第五章
武器術と多敵

居合、居合取り
立ち居合、唐竹割り
長刀、棒、ウェーク、両刃の剣
青竜刀、二丁鎌、トウファー
ヌーチク、釵
武器相対稽古
多敵稽古基本一、二
多敵稽古応用
多敵武器稽古一、二、三
本部御殿手の武器

第五章のポイント

間合いを奪い、一気に極める

　本部御殿手の武器術は、刀剣類の武器を主体に、棒、釵、ウェーク（櫂）、ほうき等、身の周りのものすべてを武器とする。
　「手の如く武器を使う」と言われ、素手と同じ術理で捌きつつ攻撃し、それぞれの武器の特性を最大限に活かし手の延長として自然の動きの中で使う。その為、夫婦手と同じく二刀を基本とし左右どちらの手でも自在に使えるようにする。
　稽古方法は素手と同じく、まず単独動作でそれぞれの武器の特性を学び、その後に対人の相対稽古で実際の動きの中で間合いや使い方を学ぶ。
　相手の動きを見てから動くのではなく、常に相手の動く気配を捉えることを念頭に稽古を行う。武器は素手に比べて破壊力があり、一瞬の遅れがそのまま致命傷に繋がる。その為、先の先を取る必要がある。
　また、武器の種類によって間合いも異なり、その瞬間・場面に応じて間に合わなければ生き残ることはできない。従って動きは最小限とし、自然な歩みの中で相手の起こりを捉え間合いを奪い、死角から機先を制して一気に急所を極める。
　この時に大事なのが歩法である。
　第二章で説明したように、つま先と踵の着地を巧みに織り交ぜることにより、相手に自分の動く速度の変化を感じさせず、一気に間合いを詰めて制する。稽古や演武などで上原先生の受けを取ると、こちらの動き出しの一瞬前を捉えられ、一足で踏み込まれた瞬間に先生の剣先や槍先が目の前に現れ、避ける為には倒れる他なく、一瞬でも遅れれば突き殺されるような迫力があった。演武や稽古で私たち弟子が自分から倒れているのは、そうしなければならない間合いを上原先生が取られていたからだ。上原先生に

とって武器を使うことは、文字通り"手の如く"であり、目の前にある物を手で取る際に、自然に自分と物との距離を測り取っているのと同じく、武器を使われていた。

　また、上原先生は常々、「素手で闘うのは自殺行為だ」とお話になったが、これはご自身が戦争中フィリピンにおいて数々の武術家と武器を取った真剣勝負に臨んだことや、実際に戦場での経験によるものであり、本部流御殿武術がもともと戦場における武術であることにも拠っている。

　幸いなことに現代では武器で闘うことは稀ではあるが、本部御殿手の本質を学ぶ為には、この武器術の習得は必須である。稽古にあたっては怪我に注意しつつ、くり返し行って欲しい。

　なお、本書では居合を除く単独型はくり返しが多く長い為、それぞれの動きの要素を抜き出して紹介している。慣れたら武器を持って、型の動きを行っても良い。

写真を見ると、上原先生が如何に間合いを詰めて先の先を取っているかが分かる。

武器術　居合

居合
Iai

正座の姿勢。刀は左に刃を外側にして置く。

刀を取りつつ、片膝立ちになり、

体の中央に刀を引き寄せつつ、

手首は直角に、ヒジに注意する。

逆袈裟斬りへ。

手首のこねりで刀を返し脇につけ、

本部御殿手の居合は、横切り、袈裟斬りといった刀の基本的な振りを学ぶ為のもので、所謂抜き打ちに斬る居合とは異なる。また、王族に伝わる武術であることから、平時では常に太刀持ちが脇に控えているので自ら帯刀することはない。その為、稽古では刃を下にして携行する。抜きつけの際は刃を相手に向け、鞘を持っている手と刀を持つ手を左右同時に引き斬りつける。左右どちらの手でも行う。

左右の手を開くように抜き払う。

柄を握る手首は直角にし、ヒジを伸ばす。

腕から体全体で流れるように横斬りで左右切り返し。

鞘を背中に回す。

高さは首の位置。刃筋を真っ直ぐ通るように気をつける。

武器術　居合

高く刀を差し上げた位置から、

袈裟斬りへ。

刃筋と手首、ヒジに注意。鞘は背中に回す。

上原先生の上段からの抜き斬り。これは馬上で背負った太刀を左手で鞘を掴み、右手で抜き放つ動きと同じ。刀を腰に差さない本部御殿手ならではの抜き方である。

武器術 居合相対
居合取り
Iai tori

01 1メートルほど距離を開けて座る。

02 抜きつけの瞬間を刀で押さえ、

03 崩す。

01

02 抜きつけに合わせて、抜き合わせ、

03 相手の柄頭を押さえる。

居合い取りの一例を示す。型である以上、動きは決まっているが、その中で相手の手の内を感じ、抜き斬る前に起こりを捉え押さえる。未発の気を感じて機先を制す感覚を養う稽古と言える。常に相手の反撃を予想し、攻撃されない位置を取りつつ、体の軸を立て、バネのように使い、相手の中心を抑え崩す。写真では省いているが、稽古の前に座礼を行う。

抜きつける柄を押さえ、

崩す。

抜きつけに合わせ、自分の刀を反転、小尻で押さえ、

突き崩す。

武器術 居合

立ち居合
Tachiiai

立った状態で基本の斬りを学ぶ型。体の流れと手首のこねり、手の内を柔らかく使うことで刃筋を合わせる。最初の内はゆっくり、刀の重さに体を馴染ませる。

Start 01 正座から。

02 片脚立ちになりつつ抜きつけ、

03 逆袈裟に抜き、つま先立ちで高く刀を差し上げる。

11 手首のこねりで再反転、

12 横切りの動きで一回転する。

13

手首のこねりで刀を返し、水平斬りに。

そのまま袈裟斬りに。手首は直角、ヒジは伸ばす。

振り切った時、居合と同じく鞘は背中に回す。

首の高さで振る。

鞘は背中に回す。

逆方向へ水平斬り。

再び刀を立てて、

武器術　居合

正面に戻りつつ、

逆袈裟へ。

刀を高く掲げ、

手を下ろし終了。

体の中心で刀を納めてゆく。

袈裟斬りへ。

再び水平斬りに。

体の動きで斬り、反転、

鞘を体の中央に寄せ納刀へ。

正面に向き直りながら、

逆方向へ水平斬り。高さは首の位置。

武器術　居合

唐竹割り
Karatakewari

本部御殿手の刀法で特徴的なのがこの唐竹割りだ。頭上から体の前後に腕を分けるように開き斬る。鞘も後ろへの備えとなっている。

01 頭上に高く差し上げ、

02 両手を分けるように開き抜く。

03
体の中心を刀の重さを利用して、垂直に斬る。

Back

用例

間合いを測り、捌きつつ相手を斬りつける。頭上に剣があるため相手にとって間合いが取りづらい。

用例

鞘を使うことで前後からの攻撃に対応することができる。

武器術　長刀

長刀
Naginata

長刀の舞は武器と体の高度なバランスが必要となる為、御殿手の最高の技とされている。滑らかに回転や移動をしながら行う斬り上げ、斬り下げの中に、本部御殿手の奥義である渦巻き竜巻の技がある。脇に構えるのは、馬上での使い方を想定したもので、体に長刀を密着させ敵に突進してゆく。

長刀を持ち、脚を揃えて立った姿勢から、

長刀を脇下に構え、長刀を持つ方向へ回転する。

頭上に差し上げながら逆方向へ回転する。

腰の高さで水平に斬り、

槍
Yari

槍の技法は体と槍を一体化させて、穂先に体重が加わるようにし、勢いをつけて突く。歩きながら突くことで威力が増大する。馬上では槍を脇に抱え込み、槍を固定させて敵に突進してゆく。

01 脚を揃えて脇に構える。

02 そのまま半歩出ながら真っ直ぐ突き込み、

03 後ろを石突きで突く。

04 頭上に返しながら、半回転し、

05

06 もう一度正面に突き込む。

03 突いた位置をそのままに移動、

04 実際はこのまま歩き去る。

武器術 棒

棒 Bo

棒は三等分した位置を両手で持つのが基本。突く、打つの他に、絡めて相手を投げるなど、間合いに応じて多種多様な使い方がある。

棒を持ち、脚を揃えて立った姿勢から、

半身になりながら、

下から打ち上げる。

棒用法

右手を出して中段突き、

右に回りながら、

突く。

基本の持ち方。

相手の動き出しを捉え、棒を払い入れる。

武器術　ウェーク

ウェーク（櫂）
Weake（Kai）

船を動かす為の櫂も武器とし稽古を行う。漕ぐ際の手捌きがそのまま武術の動きとなる。槍などの直線的な武器と異なり、円運動を主体とした曲線的な動きで相手を制する。

Start 01
脇に構えた形から。

02
下から、

03
上へ、

10

ウェークの平らの部分を利用して、目くらましの砂をかける上原先生。周囲の状況をすべて使うことを常に言われた。

202

武器術　ウェーク

相手のアゴを下から打つように差し上げ、

そのまま頭上で右回ししながら回転。

そのまま横を突いて終了。

一歩脚を出しながら前に突く。

そのまま左回しをしながら回転する。

再び地面に突き入れ、

砂を掛ける動き。

そのまま右回りに一回転。

思いウェークに振り回されないように注意。

回転の勢いで後を突く。

武器術 二刀

両刃の剣
Ryouba no Ken

本部御殿手の武器術は二刀が基本となる。ここでは両刃の剣と反りのある青竜刀による基本を示す。いずれも左右の斬り下ろしが基本。両刃の剣は突き込みが加わる。

Start 01 両刀の切っ先を体の中心に向けた姿勢から、
Side
02 大きく剣を振り上げ、
03 右剣を袈裟斬りに切り下ろす。

16 finish 最初の位置に戻り終了。
15 蹴り脚を戻して、
14 バランスに注意。
13 突き込んだ剣を立て、右前蹴り。

武器術 青竜刀

01 両手を大きく挙げたところから、
02 右袈裟蹴り。
03 刀の反りを活かして、
04 刃筋を通して切り込む。

武器術　二丁使い

二丁鎌
Nichokama

農具である鎌も武器とする。剣と同じく、左右の袈裟斬りで体に馴染ませる。

01 刃先を外側に向け立った姿勢から、

02 左袈裟斬り、

03 左を戻しながら右袈裟斬り。

04 手首は直角に、ヒジを伸ばすことを忘れない。

武器術　トウファー

トウファー
Tonfa

トウファーはもともと石臼の挽き棒が起源とも言われている。棒の先端や、ハンドルで引っ掛けて使う。

01 ハンドルを正面に向けて立った姿勢から、

02 右で外回しに振る。

03 左も同じように左右交互に数回繰り返す。

トウファー用法

01 用法は基本の通り夫婦手で使う。

02 右手で棒を押さえながら、同時に左で顔面を突く。

慣れてきたら腕がしなり体に巻き付くように振り、

振り下ろす勢いを活かして、手首のこねりで刃先を転換、

そのまま振り上げつつ、右袈裟斬りへ。慣れたら回転や、前蹴りを入れても良い。

次に内側から振る。

左右交互に行う。

上原先生による二丁鎌。手首を鎌首で引っ掛けている。

武器術 二丁使い

ヌーチク
Nunchaku

人差し指を除く四本の指の付け根の腹で握り、人差し指と親指は軽く添えて持つ。振り方はヌーチクの長さを最大限に活かすようにヒジを伸ばし、上体は真っ直ぐに振る。振り切った時に手首を返し、指が挟まるのを防ぐ。

01 両手を挙げた状態から、

02 ヒジを伸ばし袈裟斬りに振る。

03 手首をこねるように回すことで、指を挟まず、ヌーチクの勢いを活かして振り切れる。

武器術 釵

釵
Sai

釵は琉球王朝時代に大筑(ウフチク)と呼ばれる警察署長や筑佐事(チクサジ)（刑事）が携帯し、捕り物や群衆の誘導に用いたとされる。使い方は手刀と同じく、突く、刺す、打つ、絡めるなど様々だが、手先ではなく体で重さを利用して使う。

01 切っ先をヒジに向けて立った姿勢から、

02 正面に構え、

03 左を真っ直ぐ打ち出し、

04 左を引きながら、右を回し打ち、

05 右を引きながら、左を回しながら打ち下ろし。

06 左を回し戻しながら、右突き、

釵用法 一

01 構えた状態から、

02 動きに合わせて接近、

03 夫婦手で押さえながら腹に突き込む。

そのまま左袈裟斬りに振る。

右同様、手首をこねり振る。

手首をこねらず振ると、最後に指を挟んでしまう。この、ヌーチクを持って手首をこねる動きが、舞の手と共通している。

右突きを戻しながら、左90度転換、

回しながら右打ち。

右突きを回し戻しながら、左突き、

そのまま左前蹴り。

脚を戻しながら、左回し打ち。

右突きで終了。

釵用法 二

構えた状態から、

右から払い来る棒を両手の釵で搦(から)め取り、

そのまま打つ。

武器術　武器相対

武器相対稽古
Buki Sotai Keiko

武器による相対稽古の基本は素手と同じく、直線、斜め、交差の捌きで相手の攻撃を外しつつ打つことにある。稽古に際しては最初はゆっくり、確実に捌きながら行う。慣れてきたら互いに様々な武器と間合いで行う。ここでは山刀、長刀、素手を並べ、同じ動きで捌いていることを明示している。

多敵の稽古の心得

稽古に斬られ役はいない

　ここまで何度も記したように、本部御殿手は戦場での多敵を想定した武術である。その為、如何なる状況でも脚を止めず、一撃で相手に大きなダメージを与え、次の敵へ向かって行く必要がある。上原先生はこれを、

「最初の相手を一太刀で斬り離し、返す刀で二人目以降を斬る。その場合、狙う箇所は首であり、手首を柔らかく使い、刃筋を合わせ、刀が波のように留まることのないように使う」

と仰り、柔らかな手の内で動くことの重要性を教えて頂いた。
　実際の稽古では、先生に向かってゆき、倒される間合いやタイミングから上原先生の歩法や間を学んだが、手道館ではこれをまず素手の体捌きから始め、多敵を相手に止まらない動きと心を身に馴染ませ、徐々に相手を制する技を加え、その上で武器へと進めている。

いずれの稽古も最初はゆっくり行い、攻撃する側は真っ直ぐ相手に突き込み、捌く側は確実にこれを捌きながら脚を止めず歩き続ける。

多敵の稽古では、捌き倒す側にのみ注意がいきがちだが、掛かっていく側にとっても重要な稽古であることを忘れてはならない。ゆっくりでも必ず自分の攻撃が相手に当たる間合いで動きつつ、相手の間合いにも注意して、当たると感じたら避ける。"稽古だから当たっても良い"と、無造作に動くのでは稽古にならない。上原先生はそうした場合に、「（相手の）武器をしっかり見なさい」と仰り、手をピシリと打たれていた。

逆に当たる間合いでもないのに避けたり倒れたりしても意味がない。一見技が利いているように見えるが、真剣に稽古をしている人間にはただ倒れているだけであるのがすぐ分かる。先生はそうした人間を黙って稽古から外されていた。どんな稽古でも斬られ役は存在せず、すべてが自分の稽古であることを忘れてはならない。

長刀と二刀を使う上原先生。手の内の柔らかさがよく分かる。

体術　多敵稽古

多敵稽古基本 （一）
Tateki Keiko Kihon ❶

移動図

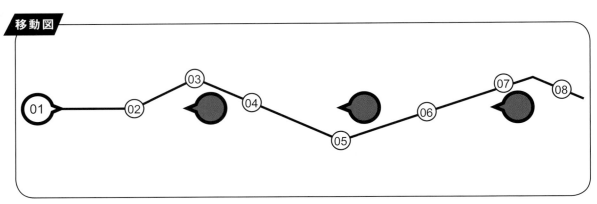

ここでは左右交互に捌いているが、相手の突きに応じて自由に捌く。
慣れてきたら、捌く際に軽く相手に触れたりしてもよい。

一線上に並んだ三人を相手に捌いていく。捌かれる側は歩きながら真っ直ぐ突きを打ち込み、捌く側はこれを歩法のみで左右に捌く。最初はゆっくり行い、歩法や間合い、捌きの方向、方法、動きの兆しなどを学ぶ。慣れてきたら突きを左右に決めず、徐々に速度を上げて行う。

歩きながら相手を捌き制す上原先生。

体術　多敵稽古

多敵稽古基本 (二)
Tateki Keiko Kihon ❷

半円形に囲まれた状態で基本一と同じことを行う。最初はゆっくり歩法のみで捌く（01〜08）。基本一と異なり、攻撃してくる方向が様々なので、常に視野を広くする必要がある。慣れてきたら手をつけて捌き、相手に触りながら後ろに回り込んだり、軽く突きを試す（09〜16）。脚を止めず、自分から前に進んで捌き続けることが重要。徐々に速度を上げて行う。

体術 多敵稽古

多敵稽古応用
Tateki keiko Oyo ❸

多敵稽古基本二と同じだが、今度は剛術の攻撃を当てる。稽古なので威力は入れないが、間合いやタイミングは正確に当てるつもりで行う（01〜08）。次に同じことを取手で行う（09〜16）。取手はどうしても脚が止まってしまうので、捉えた相手を他の相手の楯にしたり、投げるなど工夫を入れる。こちらは動きや間合いを確認するイメージで行うと良い。

武器術　多敵武器

多敵武器稽古 (一)
Tateki Buki Keiko ❶

多敵稽古基本一と同じく、一線上で並んだ相手を刀で斬り抜ける。最初はゆっくり、向かう方は真っ直ぐ斬りつけ、切り抜ける側は捌きつつ一太刀で斬り抜ける（01〜07）。慣れたら武器を変えて（08〜14　ここでは長刀で行っている）、徐々に速度や間合いを変えて行う。いずれも脚を止めず確実に相手の攻撃を捌き、斬り抜けることが重要。

武器術　多敵武器

多敵武器稽古 ㊁
Tateki Buki Keiko ❷

多敵武器稽古一で行ったことを、左右前に挟まれたところから始める。誰から攻撃するかは決めずに行っても良い。相手の機先を制し、止め押さえたらすぐに次の相手に向かう。刀、槍と武器を変えて行い、様々な間合いで行う。

武器術 多敵武器

多敵武器稽古 (三)
Tateki Buki Keiko ❸

多敵武器稽古二をさらに人数を増やして行う。囲まれる側は周りの相手に動かされるのではなく、自分から相手の機先を制して渦の中心になって動く。また攻撃に高低をつけ、上から下へ、下から上へと変化させる。このコマのように回転しつつ上下へ変化する動きに、本部御殿手の秘伝技である渦巻き・竜巻の剣が秘められている。

本部御殿手の武器

　本部御殿手の稽古では数多くの武器を使う。ここで紹介している物の他に、ほうきや鳥刺し（鳥を捕らえる道具）などの日用品もあり、大凡手で使える物はすべて武器として使う。ただし、個々の武器を使う為にそれぞれ別の技術があるわけではなく、ここまで書いてきたように、すべて同じ体捌きと術理で使い、あくまで武器を手の延長として使う。

　その為にはまずそれぞれの武器の間合いや重さなどの特性を学び、稽古を繰り返す中で体と一致させてゆく。長短、片手両手と様々な間合いの武器を使うことで、自然に間合い感覚が養われ、最終的には自由に使えこなせるようになる。

①槍
②釵
③両刃剣
④青竜刀
⑤山刀（小刀）
⑥両刃短刀（小）
⑦鎌（二丁）
⑧トウファー
⑨打ち棒
⑩短刀
⑪長刀（右は上原先生作によるもの）
⑫ウェーク（櫂）（上原先生作のもの）
⑬棒（上原先生作のもの）
⑭山刀（上原先生作のもの）
⑮ヌーチク
⑯短棒（上原先生作のもの）
⑰捕り縄（上原先生作のもの）
⑱日本刀

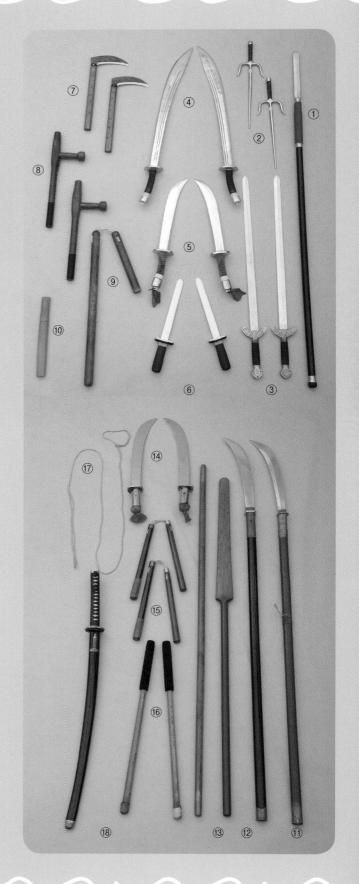

第六章 舞の手

浜千鳥一
浜千鳥二
浜千鳥四

　琉球王家秘伝の「舞の手」は、あらゆる武器の長短にかかわらず全てに通じ、素手の舞から武器の舞と数多くあるが、「武の舞」を踊るとき、今はどの武器を使用して舞うと想定し、その武器を持っての使用法をそのまま舞にすれば素手であっても武の舞になる。相手が多人数であるときでも、どこから打ち込むかを読み取って舞、傷を負わせずに取り押さえるか方法を心に念じて舞うのである。（中略）

　相手を無傷のままでとり押さえるのが「逆手」なら、その上の層をいく技が「取手返し」の技で又、その上が「裏返し」技で、頂点が「按司方ぬ舞方」である。全ての技を封ずるのも「按司方ぬ舞方」である。素人目には、単なる踊りにしか見えないだろうが、微細筋そして全身が筋金入りである。つまり武が円熟すると角がとれ、見た目にはまろやかに感ずるのである。

　しかし御殿手を学ぶ人にとっては身の毛がよだつ恐ろしい技である。だからこそ「琉球王家秘伝武術」といえよう。今日までだれ一人として体得してない。これまで指導してきた最高称号をもっている師範にも「取手」の段階でせいぜい取手返しの一部分である。

　今後は、現師範クラスに伝授しようと思っている。

1980年発行　「第5回　舞と武　合同研究発表会」パンフレットより

第六章のポイント

琉球舞踊が秘める、武術の極み

　上原先生は、本部御殿手と琉球古典舞踊との関係について熱心に研究され、その成果を"舞と武　合同研究発表会"で発表されていた（「資料編」を参照）。これは本部御殿手の奥義であり、最後の一手として伝授される"武の舞"に、琉球古典舞踊の中でも優美な女踊りにある「押し手」「こねり手」「拝み手」と同じ動きがあることに着目したことに拠る。特に舞で「あて」と呼ばれる手首を返し決める所作が、本部御殿手の極めと同じであることを重要視されていた。

　上原先生の師・朝勇翁もまた舞の名手と言われ、極意相伝として遺された道歌に、「按司方の舞方ただ思うてみるな　技に技すゆる奥手やりば」と、舞の中に奥義が秘められていることを示されている。上原先生ご自身、修行の最終段階で朝勇翁より"武の舞"を授けられ、その柔らかさに苦労しつつも身につけ、舞踊大会に女性と共に女装して参加して"浜千鳥"を舞っても、誰もその中に男が混じっていることに気がつかなかったという。

　上原先生は、「この舞は、素直な人間に素直に覚えて持って帰って欲しい」と、当時十代だった私の二人の息子、光生（当時18歳）・哲夫（当時16歳）を沖縄に呼び、"浜千鳥"を直接指導して頂いた。

　後に上原先生がこの"浜千鳥"を"武の舞"として弟子達に授けられていたことを知ったが、当時はまだ知らず、この舞に御殿手の奥義が秘められているとは私も息子たちも思っていなかった。しかし、修業を重ねると共に、舞に含まれている手の動きや、柔らかさが御殿手の本質に強く結びついたものであることに気づかされ、敢えて当時まだ稽古を始めたばかりの白紙の二人に、この舞を教えられた先生の深い想いに感謝している。

　本章に紹介している上原先生伝の"浜千鳥"は、細部において

舞踊のものとは違うところがあるが、そのまま行っている。

"浜千鳥"は全体で四節（四番）で構成され、「浜千鳥節」にのって踊る。一節から徐々に要素が増えていく構成で、三節は一節と二節と同じ要素が多いことから、本書では一節と二節、四節を掲載した。また、分かりやすいように、舞の「あて」の所作と、御殿手の「極め」の要素を重ねて示している。

ただ、そこだけではなく全体にある姿勢や柔らかな動きと、「あて」にこそ御殿手と共通する本質があることに注意して欲しい。

上原先生は舞う際に、常にどの武器を持っているかを想定し、その使用法をそのまま舞い、相手が多人数でも、どこから打ち込んでくるかを読み取り、傷を負わせず取り押さえる方法を心に念じて舞われたという。先生の舞は舞う度に自在に変化し、その融通無碍さこそが"武の舞"なのだ。

「"武の舞"を見て武の技を読み取ることができるなら、武は頂点に達したと見てよい」という先生の言葉の通りだ。

"武の舞"を舞う上原先生。その動きは、常に柔らかく自由だった。

当時十代だった光生と哲生に稽古をつける上原先生。

舞の手 浜千鳥 一節目

浜千鳥 一節目
Hamachidori Issetsume

一節目は最も基本的な動きで構成されており、こねり手等の取手技のほとんどが入っている。手は柔らかく、魚の尾のイメージで、手首の動きに指先がついて来るように動かす。

Start 01

両手を腰に当てて軽く軽く踏み。足踏みは舞っている間はそのまま続ける。

右手を上げながら、右斜めを向き、

掌を上に向けて、下からなでるように上げる。

手首を肩の高さに下げ、

右回り。

右手を出しながら、

軽く手を合わせる。

こねりながら、耳の方へ引き、

手首から前に柔らかく前に押し出す。手首が先に動き、指先が後からついていく感じで動かす。

腕を真っ直ぐ伸ばしたまま下ろす。01〜08までの動きは全体を通してくり返し出てくる。

左手を上げながら、左斜めを向き。

正面で両手を広げて、

10 省略

右手で行った動作（2〜8）を左手で行う。

舞の手　浜千鳥 一節目

掌を上に向け、真っ直ぐ軸をぶらさずに回転する。

正面に向き、

左手が肩の高さまで来たら、左へ半回転。

両手を柔らかく上げて、

正面を向く。

左手を下ろし、

右手を広げ、

ここで「あて」。

手首を返し、

手を下ろす。

正面に向き、両手を広げて、

軽く手を合わせる。

右手で行った動作（15〜25）を左手で行う。

舞の手 浜千鳥 一節目

33〜36が基本的な動きの一つ。体と手を連動させて一緒に動くことが大事。これは武器を持った時に、体と武器がバラバラにならないのと同様。

45〜48の手を斜めに上げ下げする動きも、くり返し登場する基本の「こねり手」の動き。

舞の手　浜千鳥 一節目

左手を右上まで斬り上げる。

右手を上げながら、右斜めを向き。以下、03〜08を繰り返す。

掌を正面に向けて下ろす。

真っ直ぐ上に腕を伸ばし、

頂点で手を返し、左に回転。

回転しながら両手を広げ、

高く差し上げ、

手首を返し、

正面を向きながら、指先を摘まむようにすぼめ、

耳の高さで手首をこねり、

舞の手　浜千鳥 一節目

66〜70のこねり手の動きを取手相対で分解したもの。舞の動きがそのまま上から手を取り、極める動きになる。

81 finish	80	79	78
手を腰の高さに戻して終了。	正面に向き、掌を内側に両手を広げる。	両掌を返しながら、右脚を一歩進め、	右斜めを向き、

省略

右手で行った動作（65〜68）を左手で行う。

左手を上げながら、左斜めを向く。

左手を下ろす。

76〜77を二回繰り返す。

掌を前に向け、空気をなでるように手首を回す。

指先を下にして、両手を上げる。

第一章 基本
第二章 歩法と捌き
第三章 型
第四章 取手
第五章 武器術と多敵
第六章 舞の手
第七章 本部拳法
資料編

舞の手　浜千鳥 二節目

浜千鳥 二節目
Hamachidori Nisetsume

一節目の動きに、45～48に見られる三方に投げるような応用的な要素が加わっている。

Start 01

両手を腰に当てて軽く足踏み。足踏みは舞っている間はそのまま続ける。

02

右に向き、

03

両手を上げる。

04

頂上まで差し上げ、

16

右のこねりで「あて」。

15

右手を腰に当て、左手を持ち上げ、

14

前で軽く手を合わせる。

13

広げきったところで、手首をこねり、掌を内側に向け、

真っ直ぐ下ろす。

額の高さへ差し上げ、

指先をつぼめながら、少し引きつつ、そのまま正面に。

掌が見えるように、両手を正面に伸ばす。

両手で上段の「あて」。

両手で中段の「あて」。

舞の手　浜千鳥 二節目

17　手を戻し、
18　左右に広げ、
19　前で軽く手を合わせる。
Point
20　左手を差し上げ、

32　両手を差し上げる。
31　再び広げながら回り、
30
29　回りながら両手を合わせ、

左こねりで「あて」

左右に広げ、

前で軽く合わせる。

両手でこねり、

下へ押すように下ろし、

両手で「あて」

両手を広げながら左回りへ。

舞の手　浜千鳥 二節目

両手を軽く上げ、左へ軽く回転。

正面を向きながら、手首を少し引き、

掌を前へ押し出す。

移動図

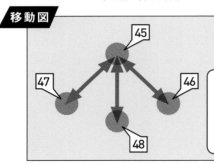

45〜48は、正面から、左・右・正面へと、手を出しながら前後に動く。投げ押さえる動きに通じる。

Point

最後に正面へ同じ動きを行う。

今度は右へ、手を出しながら進み、戻り、

手を出しながら左へ進み、出し切ったところで戻り、

正面に向き直り、

舞の手　浜千鳥 二節目

49

50

手を腰前に戻しながら、右へ、

51

右に向いたところで両手を差し上げる。

52

上原先生の動く姿は、常に舞を想わせるものがあった。

53

額の正面に掌をかざしながら正面へ、

54

手首を内側から外へ捻りながら掌を開く。

55

掌を正面に見せたところで「あて」。今度は逆に内側へ捻りながら両腕を開く。

56

そのまま水平の位置へ両腕を開く。

57

58

掌を下にして腰の前に寄せこのまま一節の64〜80を一度行う。

59 finish

手を下ろして終了。

浜千鳥 四節目
Hamachidori Yonsetsume

四節目には斬り抜ける基本の動きや、相手の動きを引き寄せ取り、返す動きが多く含まれている。
231頁に述べたとおり、三節目は省略する。

Start 01

両手を腰に当てて軽く足踏み。足踏みは舞っている間はそのまま続ける。

02

左手は腰に当てたまま、右手を差し上げながら右に回転。

03

右を向き、

04

体は右向きのまま、手はそのまま左へ。

16 両手を差し上げる。

15 再び広げながら回り、

14

13 回りながら両手を合わせ、

自然に止まる位置まで持っていき、

逆方向へ回転。

掌を上にして肩の高さまで下ろし、

手首を返して下ろす。

両手を広げ、

03〜09を右・左・右の順番で行う。

第一章 基本

第二章 歩法と捌き

第三章 型

第四章 取手

第五章 武器術と多敵

第六章 舞の手

第七章 本部拳法

資料編

舞の手　浜千鳥四節目

両手首をこねりながら耳の高さまで下ろし

17

掌を前へ押し出し、両手を差し上げる。

18

19

掌を正面に向けて下ろしてゆく。

20

Point

28〜31の動きがはそのまま夫婦手で捌き、斬り抜ける動きになる。

31　30　29　28

両手を右方向へ上げながら、左回転へ。

手首を柔らかく、空気を横へ撫でる感じで。

自然に止まる位置で「あて」。反対方向へ。

今度は左へ一回転する。

舞の手　浜千鳥四節目

正面に戻り、　　　手を下ろす。

手を下ろして終了。　掌が見えるように下ろす。この後、一節の64〜80を行う。　掌を正面に向け両手を上げ、

36

37

両手を腰から前へ差し出すように広げる。

38 省略

左回りで一回転、15〜19を繰り返す。

39

両手を正面に下ろす。

40

41

右に向きながら両手を左右に広げ上げ、

42

額の高さでかざすようにしてアゴの高さまで下ろし、

43

44

指先を軽く摘まむようにして、耳の高さに引きながら正面へ。

第一章 基本
第二章 歩法と捌き
第三章 型
第四章 取手
第五章 武器術と多敵
第六章 舞の手
第七章 本部拳法
資料編

255

教訓歌　（本部朝勇翁作）

流れ行く月日早馬ぬぐともに　最早十年ぬ師走なとみ
【歌意】月日は、早馬のように過ぎ、愛弟子の上原清吉に本部御殿手を教え始めてから早くも十年目の師走になったのか。

旅ぬ上に行ん磨ち忘りるなうりる身にちちょる宝でぬむ
【歌意】異国の地に行っても、武の修業を忘れず、技を磨くことを怠ってはいけない。たゆまない修業こそが、武の体得につながり、それが自分の最も大切な宝物となるのだから。

朝夕肝くみて磨ち行く技に　雲晴て月ん光りますさ
【歌意】朝に夕に一生懸命修練して磨いた武の技は、月夜の雲が消え去って月の光がますます輝くように邪心なく冴え渡る。

寄ゆる年忘て育てる生子　やがて御万人ぬ為に咲ちゅさ
【歌意】年老いてゆく我が身を忘れて、育て上げ伝授した我が息子（御殿手）は、やがて万人の為に花開き役立つことだろう。

荒ば岩肌に生ゆる松やてん　耐忍で後ど緑咲ちゅさ
【歌意】断崖の岩肌に生える松の木も、風雨に堪え忍び、枯れることなく緑も鮮やかに、咲き誇っているのである。武の修業もまさに、かくの如くでなければならない。

御万人ぬ為に尽す技でぬむ　磨ち忘りるな武士ぬ手並み
【歌意】世の万人の為に尽くす、武術なればこそ、日々の修練を決して怠ってはいけない。絶え間なく、技を磨いてゆくことこそが、武士としての嗜みであり、誇りなのである。

荒ば岩肌ぬ潮風にむまち　磨ち行く肌に曇りぬさみ
【歌意】荒々しい岩肌も、潮風に打たれて、現在の姿を保つように、無心に技を磨いてゆく肌には一点の曇りも見られない。

磨ち輝ちゅる玉ぬ若肌に　曇りねん技ぬ光り発ち
【歌意】修業を重ね、玉のように輝く若肌（上原清吉）からは、一点の曇りのない御殿手の奥技が、光を放ち輝いている。

二十歳に満たん若竹ぬ肌に　神技ぬ流り染みて残さ
【歌意】二十歳にも満たない若竹（上原清吉）の肌に、神技のような本部御殿手の武術を代々伝えられた如く伝授し残していこう。

奥技技なする舞ぬ奥秘みて　立ちゅる晴姿見ぶさばかい
【歌意】秘伝技を秘めて舞う舞の晴れ姿は、御殿手の奥技を極めた者のみがなせる武の舞ゆえに、それを見ることはなかなかできない。この素晴らしい武の舞を、私はいつも見たい心で一杯である。

技の奥秘みて立ちゅる舞姿　踊て御見掛り技ぬ深さ
【歌意】武の舞は、御殿手の奥技を秘めた舞姿である。上原清吉よ、その体得した奥技の武の舞を踊って技の深さと完成をお目に掛けなさい。

御主加那志技や神ぬ技でむぬ　玉ぬ若肌に染みて残さ
【歌意】琉球王国の武術である本部御殿手は、神技の武である。玉のような若肌（上原清吉）に染めて、次の世に残してゆこう。

読み取いんならん天ぬ星ぬごと御主加那志技や読みんならん
【歌意】天に輝く星の数が、読み取ることができないほど、無数にあるように、琉球王家の武術である本部御殿手の技も無限にあるのである。

千尋も立ちゅる海ぬ底やしが　うりゆかん勝る技ぬ深さ
【歌意】千尋の深さがある海の底だが、本部御殿手の技は、海の底よりも深く勝っているのである。

残ち行く技や玉ぬ若肌ぬ　奥深く染みて幾世までん
【歌意】残してゆく本部御殿手の技は、玉のように輝く若肌（上原清吉）に奥深く染めて、幾代までも、伝えたいものである。

真心ゆくみて意見ぐとすむぬ　肝深く染みて幾世までん
【歌意】私（本部朝勇翁）が真心を込めて、教訓として伝えることは、心の奥深くまで染めて、幾世までも残しておきなさい。

元手元なちょて技よ積み重に　奥手舞方や頂に乗してぃ
【歌意】御殿手の技は、「元手」の剛拳をもとに技を積み重ねて、奥技の武の舞を最高の秘伝として、武の頂にのせ継承していくのである。

第七章 本部拳法

ナイハンチ初段
白熊（シロクマ）
私的、空手道春風館小史

第七章のポイント

本部御殿手と本部拳法の共通点

　本章では手道館で保存型として学んでいる、本部拳法のナイハンチ初段と、本部朝基翁が作られた入門型・白熊（シロクマ）を紹介する。冒頭の「本部流御殿武術の習得方法と本書の目的」の最後にも書いた通り、私自身、元々は春風館の高野玄十郎先生のもとで朝基翁伝の本部拳法を学び、後に上原先生より本部御殿手を学んでいる。その中で改めて両流の共通項や違いに気がつくことが多く、時に本部拳法の癖に苦しむこともあった。しかし、逆に本部御殿手の剛術と入り身を学ぶ上で、助けられることも少なからずあった。特に上原先生ご自身から本部拳法と本部御殿手の諸手の連動性や基本術理などでの共通点を解説して頂いたこともあり、その教えは指導するなかでも重要な要素となっている。

　両流の大きな共通項として挙げられる諸手による動きがある。ナイハンチの裏拳打ちの形で上体を横へ向けると、夫婦手の形となる。上原先生もこの点に注目され、夫婦手に体捌きを加えた入り身により接近、一気に極めてしまう動きを見せて頂いた。

　また、波返しと呼ばれる片足を大きく上げる動きや、脚を交差させて一重身で動く部分も、本部御殿手の体捌きに共通するところである。特に私自身、瞬間で行う入り身の動きを養う為には、どこかの段階で鋭く、厳しい踏み込みを行う必要があり、そうした際に本部拳法で学んでいたことが役に立ったと感じている。武術の稽古は、剛から柔へと進むことが基本であることを考えると、剛拳で誉れ高い朝基翁が創始した本部拳法は、本部御殿手を学ぶ上で必須であると私は考えている。

　反面、一つ一つの動きに威力を乗せる為、これが本部御殿手の戒める脚を止めることに繋がり、本部御殿手を学ぶ上で私自身は苦労した。稽古に際してはそうした違いを理解することが必要だ。

ナイハンチ立ちを横に構えると、そのまま夫婦手となる。この横への展開がナイハンチの実戦手を考える際に重要である。

ナイハンチ立ちと同じく、元手の基本立ちをそのまま横に構えると夫婦手になる。

Point

本部拳法のナイハンチに含まれる諸手動作を説明する上原先生。常に片手が自分を守りつつ相手を攻撃することと、威力は手の動きだけではなく、入り身を含む移動する体の力で出すことをご説明頂いた。

本部拳法

ナイハンチ初段
Naihanchi Shodan

Start 01
閉足立ちから、

02
手は重ねてヘソの前。右を向き、

03
左を向き返りながら、足を交差で左へ、

04
左脚を踏み込みつつ、

13
左手を右ヒジにつけ、

12
右上段回し受け。

11
右脚を左へ進めながら、左上段内受け、

ここで紹介しているナイハンチ初段は、沖縄空手の首里手の基本型であり、本部拳法においても基本であると共に、本部朝基翁が「ナイハンチだけで十分」とされるほど重要な型となっている。武術に必要な足腰を鍛えるとともに、予備動作を省いた身のこなしを養い、本部御殿手に必要な夫婦手による攻撃や捌き、足技を含む攻防一体となる相対動作の源と言える。

05 足を下ろしながら左手を広げ打つ。右手は脇へ引く。

06 右ヒジ打ち。

07 右腕を正面に戻しつつ、左肘を引き、

08 右下段払い。

09 左鍵突き。

10 左脚を交差で右へ進め、

本部拳法　ナイハンチ

そのまま右へ向き、

右脚を腰で引き上げ
（波返し）、

下ろす。

右脚を交差で左へ進め、

右鍵打ち。

左下段払い。

左へ向きながら、右鍵突き。

本部拳法　ナイハンチ

右脚を真っ直ぐ引き上げ、

開き下ろしつつ、右上段内受け。

左上段回し受け。

finish

正面を向き終了。

手を正面に戻しつつ、左脚を寄せ、

左へ諸手打ち。

本部拳法 白熊

白熊（シロクマ）
Shirokuma

閉足立ちから、　平行立ちへ。　　　　　　　　　左前屈下段払い。

右外受け。　右脚を寄せ進め、　左前屈のまま正面へ90度転換し、左外受け　左中段逆突き。

白熊の型は、高野玄十郎先生が朝基翁より教えられたオリジナルの型で、中段突き、下段受け、中段外受け、上段受けなど、空手の基本的な動きで構成されている。下段受けはなるべく腰を落とし、拳とヒザの間に紙一枚入るように行い、外受けは前手の拳の上を通して動かす。これは本部御殿手の合戦手四の動きに共通する。また上げ受けは受けではなく上げ突きとなる。

そのまま右中段逆突き。

右180度転換し、

右前屈下段払い。

上段上げ突きは、相手の突きの内側から弾くようにして打つ、上げ突きとなるように、しっかり行う。

Point

✕ 悪い例 ✕

本部拳法　白熊

12　左脚を寄せ、
13　左外受け
14　右中段突き。
15　左270度転換し、

23　左下段払い。
22　左270度転換し、
21　左90度転換し、左上げ突き。右・左と続け、最後に右中段突き。（写真省略）

16 左下段払い。

17 右足を進めながら、右中段突き。

18 右180度転換し、

19 右下段払い。

20 左脚を進めながら、左中段突き。

本部拳法　白熊

24 右脚を進めつつ、右中段突き。

25 左180転換し、

26 右下段払い、

27 左脚を進めながら、左中段突き。

28 左90度転換し、

29 finish 平行立ちに戻り終了。

ノーモーションの動きを養うナイハンチ

型で養われる要素は様々だが、ナイハンチで養われる要素の一つにノーモーションの動きがある。ナイハンチの代表的な動きである波返しは、片足を浮かせつつも、頭とヒジの位置は変えず、裏拳打ちを打ち出すという、一見すると不思議な動きであるが、こうした動きを繰り返すことによって、相手に自分の起こりを感じさせない動きが養われる。どんなに破壊力のある突きでも、相手に動きを悟られれば防御され効果は半減してしまう。技として最も効果があるのは相手が防御反応をとれない攻撃であり、それこそが実戦手と言える。

裏拳打ちは、最初の拳の位置からそのまま打つ。

打つ前と打った後が同じ姿勢になる。

✗ 悪い例 ✗

つい威力を出そうと拳を引きたくなるが、本部拳法では01の位置から打つ。

私的、空手道春風館小史

本部朝基翁の教えを伝える道場

　空手道春風館道場の流祖・本部朝基翁は、1870年（明治3）琉球王家の一族である、本部按司の三男として生まれた。16歳から空手を始め、糸洲安恒、松村宗棍、松茂良興作、佐久間親雲上などの諸大家に師事して大成され、今日もなお拳豪と呼ばれている。

　青年時代の翁は、「本部のサール（猿）」と呼ばれたほどの飛猿だったそうで、「那覇の土塀（約2メートルの高さ）で飛び越えられなかった所はなかった」と伝えられている。また、"掛け試し"と呼ばれる辻での実戦的組手の第一人者で、支那海の海賊の首領を上段の一撃で倒した話や、後年、50余歳でロシア人のボクサーと京都で試合し、上段突きで倒した話はあまりにも有名だ。

　朝基翁は、1923年（大正12）の春、大阪において関西大学での教授をはじめ、警察、工場などを中心に本土での空手の普及を開始され、1929年（昭和4）には、東京・東洋大学に誕生した初めての空手部の初代師範を務められた。その時、空手部員として学ばれたのが高野玄十郎先生だった。

　高野先生は東洋大学空手道部の第一期生として学び、卒業後も続けて小石川・原町にあった大道館で教えを乞い助教を務めるまでになり、朝基翁が故郷沖縄に帰る前の1941年（昭和16）に念願の師範免許を受けた。

　朝基翁は74歳で沖縄の土となられたが、その志は残された高弟・高野玄十郎先生によって受け継がれることになる。高野先生ご自身は、当初は自分の為の修業で空手を学んだことから、人に教えることは考えていなかったが、東洋大学空手部の猛者だったことが自然と知れ渡り、直接入門を求める者も現れるようになった。

高野玄十郎先生（左）と山田辰雄先生（右）。山田先生は高野先生と共に本部朝基翁のもとで空手を学び、後に日本拳法空手道を創始、春風館の顧問も務められた。

あまり知られていないが、本部朝基翁は早稲田大学に初めてできた唐手部※の初代師範をされた。写真はその早稲田大学唐手部で、朝基翁に空手を学んだ松森正射氏。松森氏は卒業後も朝基翁の指導する「鐵道省空手拳法部」で空手を学んだ。（松森家提供）

春風館誕生

　当初は戦争中という世相の中で、空手の強烈な破壊力が凶器となることを恐れ、初めは乗り気ではなかったが、訪ねてくる青年達のあまりの熱心さに負け、ついに1957年（昭和32）6月に指導を開始、同年8月には武蔵野空手道拳友会を創立、1958年（昭和33）9月には名称を「日本伝流空手道春風館」と改め、これが今日に至る春風館の歴史の第一ページとなった。

　春風館の名は、ある日つれづれなるままに古書を開いていた高野先生がそこにあった、「光庭存春中坐了一月」という、朱子学の言葉に目が留まったことに由来する。
　意味は、光庭という人物が師に教えを乞うたところ、学ぶうちに慈愛溢れる師に感化され、あたかもうららかな春の日のそよ風に吹かれているような気分で帰ることを忘れ、一日が二日、三日となり、遂には一ヶ月も過ごしたという逸話に拠る。
　かねてから空手に限らず武道の稽古は、つらいシゴキになりがちなことを残念に思っていた高野先生はこの言葉に触れ、「師弟は師の感化によって心身共に向上しなければならない」と悟り、春風館と名づけたという。その後、近代の剣聖と呼ばれる高野佐三郎先生が若い頃学んだ山岡鉄舟翁の道場が、春風館であったことは偶然の一致であった。

青空道場の思い出

　私が入門した1961年（昭和36）はちょうどこの頃で、道場といっても大きな柿の木がある農家の庭先に開いた青空道場であった。
　夏には真夏の熱気が夜まで残り、冬は霜が下り凍りついた大地に素足で立ち、ヒュウヒュウと北風が梢をゆさぶり吹き抜ける道場で、文字通り四

指導を見守る高野先生。

※現在の早稲田大学空手部は、元々早稲田大学第一高等学院にできたものを由来とし、朝基翁の唐手部がなくなった後にできたものである。

後列左　高野清（春風館二代目館長）、前列左から池田守利（筆者）、一人おいて、安間忠明（琉武館）、高野玄十郎先生。1964年（昭和39）頃の青空道場にて。

季の変化の激しさを直接肌身と素脚に感じた。稽古は基本から始まり、激しい組手と型はナイハンチ初段に重点が置かれる一方で、身の周りの物を使った実戦的な護身術の稽古も行われていた。

　これは流祖・朝基翁の小伝の一つに、翁が沖縄にいたころ居酒屋で酒を嗜み、ほろ酔い気分で帰宅途中、刃物を持った数名の無頼漢の襲撃に遭ったことに拠るという。その際に朝基翁は土塀を背にし、自分のゲタを両手に持ち応戦、目の下に刃物によるかすり傷こそ受けたものの撃退したという。この時一番役に立ったのがナイハンチ初段であったことから、春風館ではナイハンチ初段の実戦的な研究と、護身術の稽古が積極的に行われた。

　その後、世の中が落ち着き、本土で本格的な空手の普及が進むと、糸東会の岩田万蔵氏より糸東会が主催する選手権大会に参加を求める申し出があった。それまではそうした他流の大会に出場することはなかったが、時代の流れもあり、「井の中の蛙では」と、1965年（昭和40）年、第五回東日本糸東流選手権大会の団体戦に5名の選手を出場させた。結果は完敗で、5名のうち私を含む3名が上段突きの反則負けに終わった。これは日頃道場で行っている自由組手の延長として試合に臨んだためだろうか、「勝負に勝って試合に負けたのだ」と、我々なりに解釈し、落胆こそしないが反省し、その後も出場を続けそれなりの成果を残すに至った。

　1968年（昭和43）9月には全日本空手道糸東会の懇請により、所属を糸東会とし、糸東会朝霞支部春風館となり、1973年（昭和48）4月に宿願の新道場（約180平方メートル）の落成となった。朝基翁が高野先生に空手を伝授してから約40年の時を経てのことであった。

　1976年（昭和51）に高野先生は逝去されるが、ご子息・高野清館長のもと、朝基翁の残された空手と稽古を今日に残している。

資料編

映像と資料で見る上原清吉先生

　本書の最後は、私が持つ動画資料の中から、生前の上原先生の動きをイメージできる「武の舞」と「多敵稽古」の映像と、先生が武と舞について「舞と武　合同研究発表会」で語られた言葉をまとめた。
　上原先生に限らず、武術の本質は言葉や写真・映像だけで伝わるものではないが、後に続く者にとっては、なにがしかのヒントは必要であり、最初は分からなくとも学ぶうちに見えてくるものがあるからだ。それ故、ここでは細かな解説は省いた。
　本部流御殿武術を学ぶ人にとって参考になれば幸いである。

動画から見る上原先生による"武の舞"

"武の舞"

動画から起こした祝賀会で「武の舞」を舞う上原先生。全体の雰囲気と手首のこねりなどに注目して欲しい。

動画から見る上原先生による多敵稽古

"多敵稽古一"

"多敵稽古二"

動画から起こした上原先生による二刀と刀の多敵演武。一足毎に刀を振るい、相手を制している様子が分かる。

武と舞のかかわり
「浜千鳥」の手法と「武の手」の共通点

武・上原清吉
舞・島袋光晴
司会・宮城鷹夫

（昭和55年3月30日　舞と武の研究会　沖縄県・タイムスホール）

第5回　舞と武　合同研究発表会パンフレットより　再録

司会　これから舞踊と武術のかかわりについて、紫の会琉舞練場の師匠島袋光晴先生、御殿手の宗家上原清吉先生お二人のお話をまぜながら具体的に舞と武の比較について考えてみたいと思います。

　実は、舞踊と武術の研究会を始めましてから今年で九年目になります。最初の頃は手ほどきをしながら、それが舞踊とどう関係するのだろうかということでしたが、だんだんお互いに研究も深まりまして発表会は今回で五回目でございます。

共通する「あて」の手

司会　これからお目にかけます「浜千鳥」は比較的武術の手法がわかりやすい感じが致しましたので、選んだわけであります。その前に昨年はやはり手踊りとしての「天川」と比較しました。それも勿論共通する点が沢山ございましていろいろと勉強になりました。今回は「浜千鳥」を一節づつくぎりまして、その手と武術の手がどう関係するかという形でとりあげてみたいと思います。それでは「浜千鳥」の第一節を踊ってもらいます。

　ただいまの手で、琉球舞踊の手の基本的な形といわれています「こねり手」「押し手」さらに「拝み手」がたくさんはいっています。

　勿論、琉球舞踊の手では「あて」というのが大事になります。さらには、いわゆる「ガマク」の入れ方がより大きなポイントになるわけです。それでは、武術の場合はどうなるんでしょうか、ここで武術と今の手とのかかわりを実際にやってもらいます。

　さて、今の舞踊と武術の両方を比較してもらうわけですが、具体的に共通点はどんなのがあるんでしょうか。

上原　今の踊りの手のもっていき方は武では同じ形で、そのまつかいます。相手をおこしていく場合は左手の方をつかい、引きあげるようにすれば腕が決め手になります。もちあげて相手をひきおこし、それから投げにもっていく。そのとき手はきれいにかえします。これがきめ手です。

司会　今の手はこねるところです。それでは舞踊ではどうなさるんでしょうか。

島袋　いま上原先生がおっしゃいましたように踊りのほうでもやはり「あて」というのがあります。あては手首の技巧で、いつも大事にしています。これがなくなってしまいますと踊りではどうなるのかといいますと、節度がなくなるわけです。節度がなくなるんじゃ踊りにはならないし、又踊りとしての美しさもない。ですから武と踊りのちがう点は、舞はなるべくやわらかくみせる。柔軟にみせるということですね。そして、あてたらすぐひき返す。あてたら返すということで。これを表と裏で表現すれば、表であてて、裏でかえすことになります。これは私たちも師匠から強く訓練されたし、又よく話していらっしゃいますので共通した見方をしていいんじゃないかと思います。

司会　そうですね。今の「あて」というのは琉球舞踊で一番大事なポイントになりますけれど武術の上でもこの「あて」がなければならない。「あて」がなければ技にはならないということです。そういったことで共通する面が出てくるわけです。それでは舞踊での歩み、つまり「出羽」「入羽」の歩み、これは琉球古典舞踊では欠かせない重要なものですが、武術の場合の歩みとどのような関係があるんでしょうか。具体的に比べてみましょう。

上原　武の場合、田んぼ道のような細い道を歩む場合はつま先が外にむきます。いうならば歩むむきが外になればどんな狭い道でも歩むことができます。こういう恰好でごく自然に膝がもち上がる。そして次は少し下っていく。あくまでも自分の体を一本の脚でささえて、片一方の脚は蹴りもする。両方の手は投げ技にもっていったりする。そういう意味で一本の脚にしぼってどんな大きな人を投げる場合も必ず一本の脚にしぼって、ちょっと親指の根っこ、かかとをふんで紙一重入るぐらいの態勢でもっていきます。これは武では欠かせない重要なもので、それに小指側には力は入っていません。何故か、小指側に力が移っていきますと、脚くびをねんざします。武では小指側はちょっと上げます。それはあくまでも自分の姿勢を安定させるため、しかも脚くびをねんざさせない自然の防御と、自然の体（タイ）の、本当の神髄となるところがそういう歩みになっています。

司会　それでは舞踊の歩みはどうなっているんでしょうか。

島袋　そうですね、舞踊にも自然体というのがよくいわれています。つま先の方から軟く押し出していく。重心といいますか、つま先寄りに重心をかけるということです。どういう意味かと

いいますと、踊りは左右前後に動くために体の転進がスムーズにいきます。それから、舞台は客席より一段と高いところですので、真っすぐに立って踊りますと客席からは、うしろの方にもたれているような姿勢にみえる。つま先の方へ重心をかけて立つと、正面（客席）からみると真っすぐに見えるわけです。姿勢からいっても重心は前にかけるように教わっているし、実際にそのように練習もしているわけです。

手と剣は全く同じ

司会 舞踊は美しくなければならない。武術は美しさもありましょうが、それよりもむしろ相手に対する場合の勝負、人間を相手にして闘う勝負に勝つことが大事になるわけで、その辺から舞と武の歩みのちがいがきたかどうかということです。それでは「浜千鳥」の二節目をお願いします。

「浜千鳥」の二節目の手というのはほとんど両手一緒につかう手法が多いわけです。武術もそのように両方の手で相対する。つまり取り手も両方の手でやるのが多くなります。では、実際の武術はどうなりますか。実演をみておりますと、武術の手で「浜千鳥」の手とずいぶん似ているところが出てまいりました。両手を用いて踊るその辺のポイントについてはいかがでしょうか。

島袋 ただ今の、両手を使っての技巧には、二節目の「たび宿の……」のところですね。

ここに、さきほどから話に出ております「あて」が出て参りました。手をたたく仕草のときの、この「あて」ですね。その手法は武術にもよくあるのですが、私たちの場合は、主として手首を動かしての「あて」を非常に大事に致します。武では、むしろヒジをもって手を合わす。その辺に少し相違がありますね。

司会 「浜千鳥」という踊りは雑踊りで、明治二十四年ごろ、玉城盛重氏が創作したと伝えられる踊りですが、しかしながら手法の上では古典舞踊の手とほとんど同じ手をつかっているのです。したがいまして「浜千鳥」の手は古典舞踊のどこかにある手というように受けとめて頂ければよいかと思います。それでは「浜千鳥」の中の両方の手を用いる技法は武術の場合どうなりますか。

上原 武の場合はほとんど相対動作、我々の王家秘伝武術の場合は相対動作でなくて、多人数相手になるわけです。多人数は戦争に用いる手、そういう意味で片一方の手だけを使っておってはどうしてもまにあわない。片一方投げてから次の敵にむかう。あるいは剣を持っている場合でも同じです。一人斬ったら必ず次にむかう。手のもっていきかたは剣の場合も同じで斬り上げていく場合も体でせり上げてかえしていく。剣であればそのまま袈裟がけに斬れるわけです。上からの下袈裟がきめ手になる。それに、二つの手を使うのは戦争、つまり多人数相手の手と関係があります。しかも一手だけでなしに自然に二つの手が体で動く動作は武では一番重要です。

司会 体ごとに手を動かしていく。手さきだけの踊りでは締りになりませんし、武でも手さきだけでは技にならないところも確かに共通しているわけです。要するに体ごとに技をかけていく、体で踊るということで、この辺は、琉球舞踊と日舞、洋舞とのちがいだと思われますが武術の中でもこれが出てくる。それから、さきほどの踊りの中に手を打つところがありましたが、これは武術でいいますとどういう手になるのでしょうか。

上原 この場合、重要な技になりますので、この点だけは私が立ってお見せしましょう。

こねりの手の位置

司会 今のように技をかけるときに相手にもっていく角度が大事になってくるわけです。それでは三節目を踊って頂きます。

手をこねること、それは勿論、頭の位置、あるいは胸の位置、腹の位置とそれぞれあるわけですが、ただ今の手のこねり方、これはさきほど舞で上原先生がお目にかけましたあの手でございます。今の手を使いまして武術を拝見してみましょう。

この手で、最初にやりましたのは、上の方（頭の位置）でこねる。それから二回目は相手が突いてきたとき相手の片手を両方の手で受けてさらに投げ技にもっていくものです。ただ今の武の手と舞の手とのかかわりについてもう少しくわしくご説明願います。

上原 武の場合はあくまでも相手をつかまえている。つかまえるためにはほとんど人差し指と中指を用います。一番指の弱いのはこの薬指でこれはちょっとあててもひっこみます。これは皆さんご存知の通りです。

そういう意味であての方も先で、こねる場合も必ず両指をはさむような恰好になっています。これは相手をつかまえているからです。だからおこすときも必ずこういう恰好、中指がこうなっています。そうでなくては相手をにぎっている手が離れますので、それでおこす。相手をつかまえている意味です。舞の場合はこれがきれいにのびていく、そうでなくてはきれいな線は出ないわけです。異なる点は、あくまでも武は相手をつかまえている。投げにしても相手をつかまえている。そういう意味で同じ手首のこねりでもそれだけは異っているのではないか。あくまで我々は武術であり、舞の場合は美しく見せるためにはきれいにのびて、しかもやわらかくなくてはいけない。やわらかくしている点では武術も同じで、かたまってしまっては武になりません。自然の手の動きでないと武になりません。

司会 今は武術の手と舞の手の細かいちがいの説明がありましたが、舞の立場からいかがですか。

島袋 そうですね。上原先生がおっしゃいましたように、踊りの場合は押し出してくるのでなければならない。そういう点で指をそろえて押す。しかも単にそろえているだけでなく手を押し上げるようにして当てていきます。したがって、踊りの手のけじめがつくわけですから、そういう点はピシャリととらえた上で鍛錬していくのであって、単にやわらかく見せればいいということではないですね。それが、上原先生の説明がありましたように共通している点だと思います。

司会 ただ今のは武術にしても舞踊にしても一つのけじめというのでしょうか、区切りというのでしょうか、その辺の点が決まってこないと美しくもならないし、技にもならない。それでは「浜千鳥」の四節目をお願いします。この四節目は、一節、二節、三節の手の組み合せみたいな形となっています。ですけれど、手の角度、つまり上中下は四節目の特色でして、今の踊りは上の方でこねています。そういった点は武術ではどうなるのでしょうか。

上原 武では、あまり手を上にあげすぎますと相手の体がもちません。したがいまして相手に受け身をさせる面もありまして多少手が下がっています。今のは手を下の方でこねて体をまわす。そういう技でございます。この技につきまして舞踊ではどうなるでしょう。

島袋 そうですね、今の浜千鳥を見まして、踊りというのは本当にうまく構成されていると思いますね。うまく構成されているだけでなくやはり「武」が秘められているんですね。今のご説明をききますと、上にもちあげすぎますと相手にケガをさせるので、もっていく角度は、ちゃんと理由づけされていますね。踊りを見ますと上段、下段、中段とありますが、うまく構成されているというより、これは理にかなっていることですね。そういうことはすばらしいと思いますね。

今後の研究課題として

司会 要するに人間の体の構造は昔から決まっているわけでして、そういう体の構造の中でごく自然にしかも、美しく見せる、そうした工夫が舞踊にはなされているわけです。同時に武術では無理のないような姿勢で相手にたちむかっていく。つまり武である。そうした点でもやはり共通した点がいくつかあるような感じがします。今のことにつきましていかがでしょうか。

上原 私の場合、今まで島袋光裕先生、光晴先生に琉球古典舞踊、浜千鳥を見せてもらい研究させて頂きました。その中でやはり「あて」あるいは体のもっていき方、本当に武の場合、舞踊のようにやわらかく、やわらかい中にも心がある。単なるやわらかみでなしに筋金が入っているというやわらかみ、これは古典舞踊でははずせない。武術としても、真のやわらかみの中に筋金が入っている。鍛練しなければならないのです。今までお見せした技は演武した両君がまだ「浜千鳥」の手に十分慣れていない。そしてその踊りがこなせないという意味で説明の不十分な点はありましたが、やはり姿勢のもっていく手、その手は古典舞踊の真の姿というのは武から流れていったものではないかと私はそういうふうに思っています。今まで研究させてもらった光裕先生、光晴先生それに各師範の先生方にあらゆる面から協力して頂いて私たちも非常に勉強になり、その研究の成果として、すばらしい共通点が見つかってとても感謝しております。

司会 ただ今、踊りと武術についての具体的な比較をお目にかけたわけですけど「祈り手」あるいは「こねり手」これは勿論「おもろさうし」の中にも記されているように沖縄古来の「臼太鼓」などに出てくる手です。そのような手がどうして武術として応用できたのか、あるいは舞踊の手の中に入っていったのか、ということはこれからもっと研究しなければならない大きな課題だと思うわけです。と申しますのは琉球舞踊の中に出てくる手というのは他のどの国にもない技法だからです。舞いの手でにかよった国といえば、東南アジアにはたしかに手のこねりがあります。インド舞踊等はもっとも手のこねりの大きい踊りでございます。しかしながら東南アジアの手のこねりというのは手首だけでこねています。うで全体（体全体）でこねている踊りは沖縄だけにしかございません。しかも伝統武術という意味でそういった手が踊りに入ってきて、これは武術も踊りも一緒であるということになりますと、そこには一つの民族的な何かがあるのではないかという感じがするわけです。ここにお集まりの方には専門の方でいらっしゃいます。私たちは実際、技を通してこのように研究を進めてまいります。今後ともさらに研究を積んでまいります。まだまだ研究の過程ですがら、疑問の点も沢山あるわけで、いずれ研究を重ねていくつもりですが、同時に又、お集まりの先生方のいろいろな御指導と御援助を得まして、さらに深い学問的な研究までもっていけたらとかねがねこう思っているわけでございます。これからも、いろいろ機会をもちましてこのような研究問題の解明、あるいはさらに進んだ発表会を催す予定にしております。

今日は大へんお粗末な司会役で十分意をつくせなかったと思いますけれど一つ御容赦願います。どうもありがとうございました。

(了)

米寿と『武の舞』発刊記念の会で"武の舞"を見せる、上原先生。

おわりに

　本書は、琉球王家秘伝武術・本部御殿手の宗家上原清吉師匠の直弟子として指導して頂いた内容を技術体系に基づいてまとめたものである。この武術の稽古にあたり、基本技術と相対技術の習得から複合された技法を学べるよう構成してあるので、自主稽古の参考になる手引き書として活用されることを望むものである。

　本書は上原清吉先生に学んだ三人（筆・池田守利、補佐・池田光生、池田哲生）によるものであるが、その多くは先師をはじめ、本部御殿手古武術協会と日本空手道本部会の各道場の多くの仲間と共に稽古に励むことにより培われた賜物である。さらにこの武術思想理念を共有する本部流御殿武術（本部御殿手・本部拳法）手道館の指導者と稽古仲間により得られたものである。

　刊行するにあたり、株式会社クエスト企画制作の山口一也様より賀状にて、「今年はDVDの企画を」とのお話を毎年頂いていたこともあり、本書とDVDの構想を積極的に進めることができた。そして、同社営業部の藍原信也様より日貿出版社をご紹介頂き刊行する運びとなった。また本書制作にあたっては、カメラマンの糸井康友氏、高柳利弘氏と共に、この武術に大変興味と理解をもって、粘り強く様々な部分でご助言を頂いた日貿出版社の編集担当の下村敦夫氏に感謝するものである。

　最後に改めて関係各位のご協力とご配慮に対し、厚くお礼を申し上げる。

　　　　　　　　　　　　　　　　　　　　　　　　　　　平成27年晩冬　著者

前列左から、池田哲生・池田守利（筆者）・池田光生。後列左から、原祥・市川英美・増田千尋・増形淳司　本部流御殿武術・手道館：師範・指導員　2014年（平成26）

池田 守利　Moritoshi Ikeda

1961年（昭和36）、日本傳流兵法本部拳法・本部朝基師範が主宰する道場・大道館で助教として活動していた高野玄十郎先生が開いた日本伝空手道春風館道場に入門。1976年に高野先生が逝去されるまで15年間にわたり師事し本部拳法を学ぶ。
1977年、本部家に縁のある空手道関係者とともに、本部朝基師範の実子・本部朝正師を会長として、本部流空手道・日本空手道本部会を結成。同時期より本部御殿手古武術協会に所属し、第11代宗家・本部朝勇師範から御主加那志前・武芸（琉球王国の武術）第12代宗家を継承した上原清吉先生に師事。以来、2004年に上原清吉先生が逝去されるまでの27年間、琉球王家秘伝本部御殿手の指導を仰ぐ。高野玄十郎先生と上原清吉先生から学んだ武術を後世に残すことを目的として、埼玉県にて本部流御殿武術（本部御殿手・本部拳法）・手道館を開設し、精力的に活動を続けている。
空手道や古武術など武道を運動生理学の観点から研究し、日本武道学会や日本体力医学会などに発表している。（日本武道学会　名誉会員）

池田光生　Mitsuo Ikeda
池田守利長男、1971年（昭和46）生まれ、東京都出身。
本部流御殿武術・池田守利師範と本部御殿手・上原清吉宗家の両師範に師事。
本部流御殿武術（本部御殿手・本部拳法）・手道館主宰・師範代。

池田哲生　Tetsuo Ikeda
池田守利次男、1973年（昭和48）生まれ、東京都出身。
本部流御殿武術・池田守利師範と本部御殿手・上原清吉宗家の両師範に師事。
本部流御殿武術（本部御殿手・本部拳法）・手道館　師範代。

本書の内容の一部あるいは全部を無断で複写複製（コピー）することは法律で認められた場合を除き、著作者および出版社の権利の侵害となりますので、その場合は予め小社あて許諾を求めて下さい。

琉球王家秘伝
本部流御殿武術入門
もとぶりゅうごどうんぶじゅつにゅうもん
本部御殿手・本部拳法
もとぶうどんでぃ　もとぶけんぽう

●定価はカバーに表示してあります

2015年3月20日　初版発行

著　者　　池田 守利
　　　　　いけだ　もりとし
発行者　　川内 長成
発行所　　株式会社日貿出版社
東京都文京区本郷 5-2-2　〒113-0033
電話　（03）5805-3303（代表）
FAX　（03）5805-3307
振替　00180-3-18495

印刷　株式会社ワコープラネット
写真　糸井康友、高柳利弘（p136〜p149、p162〜p167、p176〜p178、p216〜p225　その他一部）
© 2015 by Moritoshi Ikeda／Printed in Japan
落丁・乱丁本はお取り替え致します

ISBN978-4-8170-6008-2　　http://www.nichibou.co.jp/